学術選書 052

イスラーム革命の精神

嶋本隆光

KYOTO UNIVERSITY PRESS

京都大学学術出版会

1979年2月1日、ホメイニーのイラン帰還

右上、ホメイニー、左上、ボルージェルディー、右下、タバータバーイ、左下、シーラーズィー、中央、モタッハリー

はじめに

一九七九年二月一日、イランの首都テヘラン郊外、メフラーバード空港。エール・フランス機のタラップを一人の白髭の老人が、搭乗員に手を引かれながらゆっくりと降りてくる（口絵参照）。イスラームの宗教学者の装いである。何人かの側近を背後に従えている。この人物の権力を表に示すのはこれだけである。降りきったとき、それはイラン・イスラーム革命が実質的に成就した瞬間であった。思えば、彼がイランを追放されたのは、一九六四年一一月四日のことであった。すでに六二歳の時である。パハラヴィー王朝の「近代化」政策に楯を突いたためである。一五年目の帰還であった。アーヤトッラー・ムーサヴィー・ホメイニー師（一九〇二〜八九）のイラン帰還は、革命の実質的完了であった。国を追われた国王が任命したバフティヤーリー首相の政府は、もはや余命いくばくもなかった（二月一一日辞職）。

この革命の意義はいったい何なのだろうか。七九年の憲法によれば、新しい国家ならびにそれをもたらした革命は「イスラーム的」であると規定された。しかし、革命当時、若干の例外を除けば、内外のさまざまな研究者がほぼ一致していた点は、この革命を「宗教革命」と認めないことであった。パハラヴィー王朝の転覆を、石油がらみの主として経済的な利害関係、それに起因する社会、政治的な分析がなされていた。特に欧米の研究者の評価は、時代錯誤的、神権的支配など、イラン人ムスリムの「蒙昧性」を厳しく非難・揶揄するものであった。日本の大半の研究者もこれに倣った。その後も、イラン革命やその精神的指導者ホメイニー師を正面から取り扱う研究はいくつか出版された。しかし、革命の評価はその後も、定まっていない。

一般に歴史の評価は、少なくとも一世代は経過した後に行うべきであるといわれる。時々刻々変化する事件をあまりに短いスパンで評価、判断することの問題は、単に事実誤認を犯す危険性だけではない。事件に関わる人々への無責任な評価につながるからである。何より、世界全体の歴史における当該事件の意味づけが不明瞭になる。もちろん、一世代およそ三〇年が経過すれば、このような問題点が自動的になくなると言っているのではない。ただ、三〇年も前に起こった事件に何の価値もなければ、無数の同類の出来事同様、人々の記憶に残ることはないだろうし、逆にその事件が三〇年後においても記憶され、何らかの影響を持つなら、それを再考する価値はあるだろう。まして、依然としてその影響が継続している事態については、なおさらそこに歴史的意義を見いだす企てに正当な理由があるに違いない。要するに、一定の時間的距離を置いて眺めることが大切であると言っているのである。

すでにイラン・イスラーム革命から三〇年以上が経過してしまった。イランは依然として宗教学者が国政を担当する特異な政治体制を維持している。その功罪についての判断はともかく、国民の半分以上が革命を知らない世代で構成されるようになった現在、確かにイラン情勢は新たな段階に入っていることは疑いがない。現体制がどうなるのかを予測することは筆者の意図ではない。ただ、あれほど強烈なインパクトを世界に与えた事件について、十分な時間が経過した現在、改めてその意義を再考することはおそらく無駄ではないと思う。とりあえず、まずこの作業が必要であると思う。なぜなら、一九七九年以降のイラン国内外の情勢の変化、さらにそれ以前のイラン人の活動も含めて、回顧してみるとき、特に、アメリカとの関係を視座に考察した場合、単にイラン―アメリカ関係を超えた、一般的な意味を見いだすことができるように思うからである。ホメイニー師が生涯をかけた訴えの意味は何であったのか。具体的な彼の訴えと彼の精神的遺産の相続人たちの著作を通じて、私たちは何を知ることができるのであろうか。

この作業は、人々がかまびすしく革命の時事評論をしていた三〇年前より、今行うことにはるかに意義がある。なぜなら、冷静にこの事件を俎上に載せることによって、この事件が持つ意味を考察できるからである。事件発生から現在に至るまでの間に、イスラーム革命には、イランという限られた地理的空間やアメリカとの限定された国際関係をはるかに凌駕する極めて現代的な意義が見いだされるように思う。この革命を一世代経た今再考することの意味はここにある。

イラン・イスラーム革命は宗教革命であった。宗教を最も重要な要因として捉えない限り理解が困難な、巨大な変革運動であったからである。「逸脱した」西洋の物質文明のもたらす弊害を除去し、信者共同体（ウンマ）をイスラームの理念に合致させることを目的とする運動であり、現代社会に合致したイスラーム共同体を机上の空論としてではなく、現実に築き上げる端緒となる可能性を持つ事件であった。

この問題について哲学的に生涯思索し続けたホメイニーの弟子がいる。モルタザー・モタッハリー（一九二〇〜七九）である。本書では、この人物を通して、イスラーム革命の意義を再考する。この人物は、師ホメイニーの意志をほぼ忠実に受け継ぎながら、イスラームのあるべき姿を、知識人を中心に新しい手法で解説し続けたことで知られている。

では、モタッハリーの思想を検討することによって、現在の私たちは何を知り、学ぶことができるのだろうか。これは本書の存在理由と言ってもよい。まず、第一に、イスラーム教徒自身の極力「客観的な」現代世界の分析を知ることができる点がある。この人物は単なるイスラーム的立場の護教論者と言うより、近・現代のヨーロッパ思想に通暁していたため、イスラームの「敵」であるヨーロッパを、狭隘な視点から眺めていない点で特異である。相手の立場を見極めた上で、これを批判するという立場を堅持している。彼の分析を通して、イスラーム教徒が現代社会の問題をどのように捉えていたかを知ることができる。第二に、哲学者にありがちな「超歴史（時間・空間的）的」「観念的」議論は所々見られるものの、この人物の議論は現実のイラン社会が抱える深刻な歴史的状況に基盤を持ち、特にイランの若い世代の実存的苦悩を明白に反映しているという点である。おそらくこの人物の経歴と関わっていると推測できるが、モタッハリーは知識人層を中心としたイラン社会が抱える現実の問題を熟知していた。空理空論に傾かず、現実の問題に聴衆が受け入れやすい用語（イスラームの伝統的用語、近代西洋の概念装置）を巧みに用いながら解説する能力を持っていた点が重要である。したがって、彼の著作が非常に広範囲の人々に読まれたという事実と共に、彼の議論は相当に当時のイラン社会の思想動向を代表すると考えることができる。第三に、モタッハリーの議論は、イランという特殊な時空間を超えて、わが国を含む先進資本主義諸国の物質主義の行き過ぎに対する、深刻かつ真摯な警告となっていることである。近代文明の恩恵と同時に、これまで予測できなかった社会を虫食むさまざまな問題群の主要な原因を、近代西洋の物質主義に求めた点、近代欧米社会のバランスの喪失に求めている点は、日本人にとっても他人事ではない深刻な問題への取り組みを訴えかけているように思う。

モタッハリーの議論にはこのような特徴があるため、彼の思想について学ぶことは、単に七九年の革命の思想を学ぶのみならず、われわれが現代社会の抱える諸問題を考察する機会を与えるという一般的な意味を持つのである。

本書の構成は以下の通りである。

第1章　一九七九年の革命の意義を明瞭に浮き出たせるために、具体的な問題点としてイラン―アメリカの関係について背景説明を行う。本来ならば、一九世紀初頭からのヨーロッパ帝国主義諸国との関係から解き明かすべきであるが、第1章では、両国の関係が決定的に重要になる契機となった一九五一年の石油国有化運動から始め、一九七九年の革命までの経緯を明らかにする。これによって革命をもたらした歴史的条件（社会・経済・政治的条件）が明らかになる。その結果、モタッハリーが活躍する時代の動向が明らかにされる。

第2章　本書の主人公モルタザー・モタッハリーの生涯を、革命の精神的指導者ホメイニー師との関係を視野に入れながら解説する。これは単なる彼の伝記ではなく、近・現代のイスラーム宗教学者社会の特徴、彼らの社会に独特な知的雰囲気（エートス）を伝えることによって、次章以下の議論を効率的に理解する前提的考察である。

第3章　モタッハリーの議論の大前提として、神義論を扱う。つまり、宗教学者の基本的立場は、神の存在証明とその神が公正（正義）であることの確信である。これを証明するための議論が神義論である。特に、一九六〇年代のイラン人若者の間では、神の存在そのものについて強い懐疑があった。この疑いを払拭するために、そして自らの議論の根拠を確実にするために、有神論の立場からなされた正義の神の存在と神の秩序についての議論を紹介・検討する。つまり、自らの議論の根本である神が不正であれば、すべての訴えはまったく意味をなさないので、神義論は、モタッハリーの議論の基底に当たる部分である。

第４章　イスラーム教徒にとって神が存在し、正義であるなら、これと対立する西洋の世界観とは何か。この問題をモタッハリーは主として、因果論、存在論の観点から説明する。なぜ西洋は感覚的な現象界に固執し、最終的に無神論に至ったのか。その根本的な原因は、近代西洋人の因果論究明の不徹底、存在論に関する無知があるとして、イスラームの伝統的思想を援用しながら解説する。

第５章　イスラームの立場からすれば、資本主義も社会主義も共に、精神より物質に究極の価値を置く点で同じ基盤の上に立つ。一九五〇～六〇年代以降、イランにおいても共産主義の影響が強かった。これに対抗するため、モタッハリーは社会主義、特にその根拠となる史的唯物論を徹底的に批判する。同時に、資本主義の抱える問題点についても批判を行う。そして、これに対するイスラーム的世界観を提示し、精神的価値優先の立場を明らかにする。

第６章　第４章、第５章で西洋近代の思想、価値を批判した後、これと対照されるイスラームの究極的価値の根底にある「自己を知る」という倫理の問題を取り扱う。ホメイニーなどから受け継いだ精神的遺産をモタッハリーは忠実に適応発展させ、真のイスラームの理想の実現として「完璧な人間」について論じる。これは、特にイスラーム共同体の指導者に要求される必須の条件であった。

第７章　最終章では、高邁な倫理的資格を要求される宗教学者は、革命以後のイランの政治界でどのような役割を担うのか、また、イスラーム的民主主義は存在するのか。西洋的民主主義と比較してみて、イスラーム的民主主義とはどのようなものか。西洋の道徳的荒廃を批判するモタッハリーのイスラーム的民主主義論の可能性を扱う。

おわりに　現行憲法の特徴に触れながら、本書全体をまとめる。

次章以下、この順序に従って、七九年のイラン・イスラーム革命の意義を考察する。では、どのようにこの革命は引き起こされたのか、まずこの作業から始めたいと思う。

イスラーム革命の精神◉目　次

口絵　i
はじめに　iii
第1章……イスラーム革命とアメリカ
——革命の背景……3
第2章……ホメイニーの愛弟子
——モルタザー・モタッハリーの生涯……25
第3章……神の公正とは何か
——イスラームの神義論……61
第4章……近代西洋唯物主義批判
——無神論との対決……85

第5章……史的唯物論とイスラーム的世界観
——物質と精神の均衡の模索……113
第6章……自己を知ること
——イスラーム的「完全な人間」……145
第7章……イスラーム的民主主義とは何か
——近代西洋的価値への挑戦……177
おわりに　209
各章の初出一覧　221
付録——イスラームの用語と主要な人物／モタッハリー略年表　228（4）
索引　231（1）

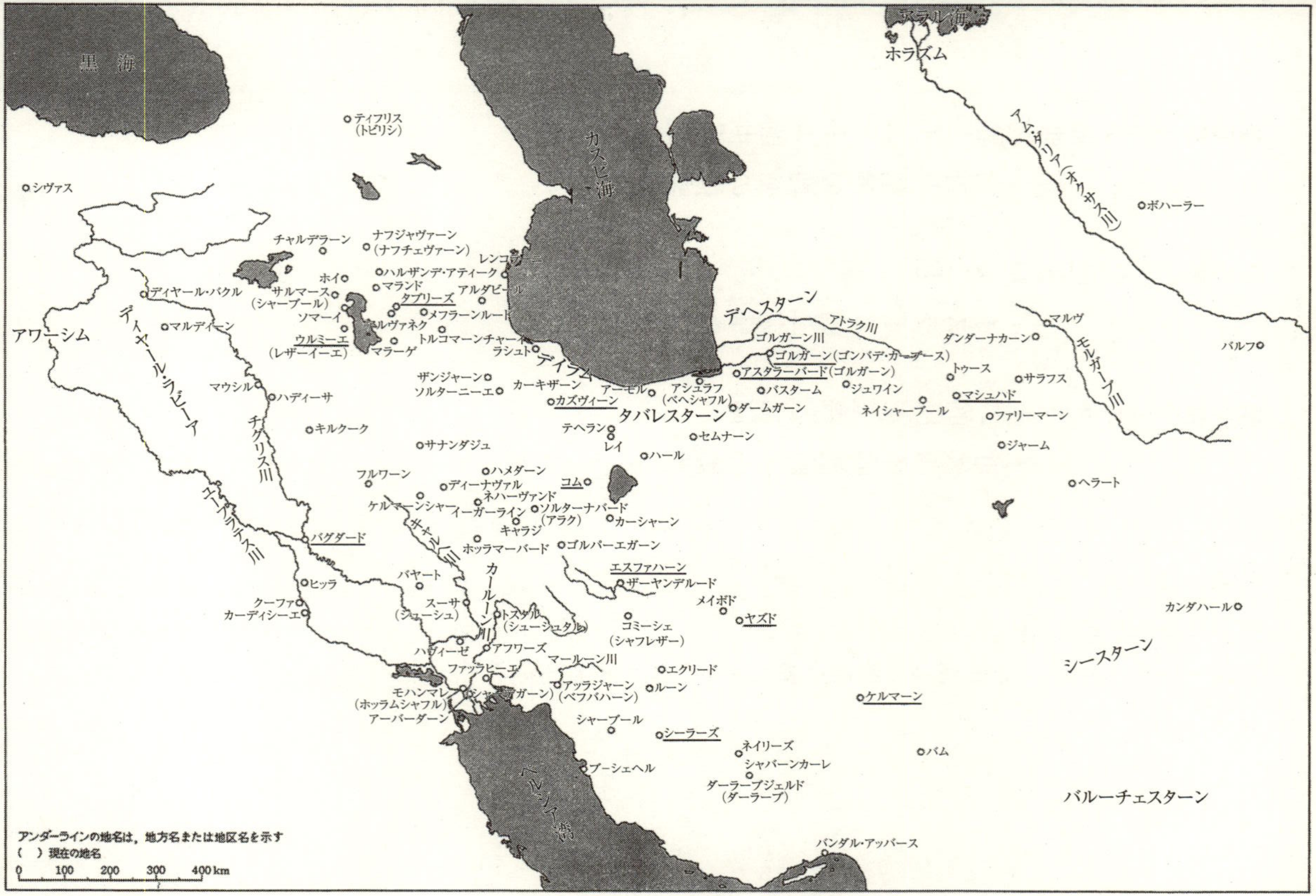

黒海
カスピ海
アラル海
ホラズム
アム・ダリア（オクサス川）
ボハーラー
ティフリス
（トビリシ）
シヴァス
チャルデラーン
ナフジャヴァーン
（ナフチェヴァーン）
レンコラーン
ハルザンデ・アティーク
ホイ
マランド
アルダビール
ディヤール・バクル
サルマース
（シャープール）
タブリーズ
メフラーンルード
ソマーイ
マルヴァネク
トルコマーンチャーイ
アワーシム
マルディーン
ウルミーエ
（レザーイーエ）
マラーゲ
ラシュト
ディヤール・ラビーア
ディラム
デヘスターン
アトラク川
ゴルガーン川
ゴルガーン（ゴンバデ・カーブース）
アスタラーバード（ゴルガーン）
マルヴ
ダンダーナカーン
モルガーブ川
バルフ
トゥース
サラフス
マシュハド
ジュワイン
バスターム
ネイシャープール
ファリーマーン
ダームガーン
ザンジャーン
ソルターニーエ
カーキザーン
アーモル
アシュラフ
（ベヘシャフル）
カズヴィーン
タバレスターン
マウシル
ハディーサ
キルクーク
チグリス川
テヘラン
レイ
セムナーン
ジャーム
サナンダジュ
ハール
ハメダーン
フルワーン
ディーナヴァル
コム
ヘラート
ケルマーンシャー
ネハーヴァンド
イーガーライン
ソルターナバード
（アラク）
カーシャーン
キャラジ
ユーフラテス川
バグダード
キャルヘ川
ホッラマーバード
ゴルパーエガーン
エスファハーン
ザーヤンデルード
バヤート
カールーン川
ヒッラ
クーファ
カーディシーエ
スーサ
（シューシュ）
メイボド
トスタル
（シューシュタル）
ヤズド
コミーシェ
（シャフレザー）
カンダハール
ハヴィーゼ
アフワーズ
マールーン川
エクリード
シースターン
ファッラヒーエ
アッラジャーン
（ベフバハーン）
ルーン
モハンマレ
（ホッラムシャフル）
シャーガーン
ケルマーン
アーバーダーン
シャープール
シーラーズ
ネイリーズ
バム
シャバーンカーレ
ブーシェヘル
ペルシア湾
ダーラーブジェルド
（ダーラーブ）
バルーチェスターン
バンダル・アッバース
アンダーラインの地名は，地方名または地区名を示す
（　）現在の地名
0 100 200 300 400 km

イラン周辺地図

イスラーム革命の精神

第1章……イスラーム革命とアメリカ

——革命の背景

二〇〇一年九月一一日、いわゆる九・一一同時多発テロ事件以来、国際関係や世界経済を学ぶ人々の間で、アメリカの「帝国」的世界戦略について盛んに論じられるようになった。すなわち、論者たちによれば、「ある政体が他の政体の国内・対外政策、さらに国内政治の仕組み全体に対して政治的にコントロールを加え、その結果、誰が支配者となりその支配者が何をできるのかが、その国の外から統制される状況」が、帝国とされる。アメリカの世界との関わりは、これらの論者によれば、「非公式の帝国」そのものであったという。すなわち、国際政治におけるアメリカの独自な特徴は、一九世紀の大英帝国とは異なり直接に統治する植民地をほとんど持たないにもかかわらず、アメリカ本土を上回る広大な地域に対して影響力を保持してきた点にある。そして、それを支えるのが、大英帝国を上回る世界に散在する軍事基地のネットワークである。さらに、アメリカの意向に従順に従う同盟国の一群であるというのである。日本もその重要な一端を担うことは言うまでもない。

確かに、世界の大国の軍事支出の合計を比較してみると、二〇〇二年度で、第二位のロシアから一一位の韓国までの合計は、一位のアメリカより少ない。この圧倒的な軍事力の前に、たいていの国はなすすべなく、アメリカの意志に従うほかないのが現状である。ただ、その中身はそれぞれの国の事情によって必ずしも同じではない。少なからぬ国々では、九・一一事件以前からアメリカによる軍事・経済的に支配された時期があった。特に本書で扱うイランにおいては、九・一一事件のはるか以前よりアメリカとは極めて特異な関係を保持してきた。

イランは、七九年の革命以来、アメリカに公然と抵抗してきた希有の国の一つである。実は、イランとアメリカの関係は現在の敵対的な関係に至るまで、比較的長い複雑で両義的な関係を保っていた。ただし、全体として見ると比較的良好な関係であった。本章で説明する諸々の事件が起こる以前の立憲革命期（一九〇五～一一）におけるM・シュスター（Shuster）、レザー・シャー時代（一九二五～四二）のミルズポー（Millspaugh）など、共に当人にとっては不本意な結末であったとはいえ、経済顧問として活躍したアメリカ人がいた。しかし、アメリカの支配がそれに先行するイギリスの支配の継続であることは明らかであった。それは一九世紀初頭以来続くヨーロッパの帝国主義諸国による植民地支配の継続、ないしその極点とも言えるように思う。筆者は、アメリカの中東支配の現状を正しく理解するためには、考察の時代を一九世紀初期（中東史では、それより二年前の一七九八年にナポレオンがエジプト侵攻した時点）にまで遡ることが必要であると考えている。この作業は改めて行なうことにして、本書では、イラン、アメリカ関係が決定的に重要度を増した一九五〇年代から叙述を始める。

1 石油国有化運動（一九五一～五三）

一九五三年八月、国王ムハンマド・レザー・パハラヴィーは、亡命先のイタリアから無事帰還した。これまでお世辞にも熱意のある支配者でなかった国王は、この時点から、アメリカの強力な援助を背景に見違えるような「強い」シャー（国王）を演じるようになる。

事の発端は、イランの唯一とも言える収入源である石油を、時のモサッデク首相が一九五一年に国有化する宣言を行ったことである。これ以前、イランの石油はイギリス資本のＡＩＯＣ（アングロ・イラニアン石油会社）の独占的支配下にあった。イランに支払われる石油利権料は明らかに不当であって、イラン国民の間には強い不満があった。大戦以前から中東における影響力が明らかに低下していたイギリスではあったが、同国は第二次世界大戦中、さらに石油に関する権益を拡大した。逆にア

モサッデク（右）

メリカ、ソ連は何ら得るものがなかった。そこで、大戦中から戦後にかけて、アメリカ、ソ連両国は新たな利権獲得の機会を窺っていた。しかし、議会はモサッデク首相の認可を得て、外国と石油関係の交渉に入ることを認めないとの法案を可決した。これは主としてソ連に対するものであった。この頃のイランには、共産党のツーデ党などさまざまな政治的グループが存在して、互いに覇を競っていた。また、伝統的な社会グループとして、都市部のバーザール商人や部族民、農民等があった。これらのグループの間の関係に変化の兆しが見られた戦中・戦後を通じて、貧富の差や社会的格差等、さまざまな問題が生じる中で、人々の不満が増大していた。このような状況において宗教学者層（ウラマー）が利害の対立するグループの統合に力を発揮するのが、旧来のイラン民衆運動のパターンであった。だが、このたびは後述するようにやや趣きを異にする、一方、第二次世界大戦後イギリスの力の凋落は顕著であり、戦後イランの安定の責務はアメリカに移った。アメリカのイラン関与が本格化する前奏の時期である。

イランは長年にわたり、ＡＩＯＣに対して強い不満を持っていた。一九三三年に制定された利権料は、その後会社側の利益が三倍以上に増大していたにもかかわらず、いっこうに増額されなかった。イランには石油会社の会議における発言権はなく、帳簿監査の権限も認められていなかった。たとえば、一九四五年から五〇年までの六年間のＡＩＯＣの純益は、二億五〇〇〇万ポンドと言われるが、利権料はその三六パーセント、九〇〇〇万ポンドに過ぎなかった。この状況を背景に共産党、バーザール商人、宗教学者、部族民、農民などさまざまなグループの不満が表面に現れ始めていた（大戦後のイランの経済状況、特に共産主義者の動向については第5章を参照）。一九五〇年の選挙の焦点は言うまでもなく石油問題であった。この状況を受けて、ＮＦ（ナショナル・フロント）というさまざまな利害を超越した連合勢力の支援を受けたモサッデクの圧勝となった。結果、石油国有化法案が議会を通過したのである。

このときアメリカは中立的勢力と見なされていたが、やがて国有化法案に敵意を示すようになった。ＡＩＯＣ主導によるイラン産石油の国際的ボイコットが宣言され、イランはたちまち苦境に陥った。これに対抗して、イランはＮＩＯＣ（国立イラン石油会社）を設立した。ＡＩＯＣが運営していた施設を摂取し、わずかながら生産を開始したのである。しかし、日本、イタリアなどの封鎖破りの国を除いた大多数の国々による徹底したボイコットによって、イランの石油収入は断たれた。深刻な経済危機がイランを襲った。アメリカは事前にローンの締結を約束していたが、国有化には強く反対していたため、イギリスの立場を支持することになった。結局、このローンは与えられなかった。

イラン側は深刻な状況に共産主義者、宗教勢力が一体となって抵抗したが、一九五三年に至っても、アメリカのＡＩＯＣに対する支援は継続されていた。同年六月にモサッデクは米国大統領アイゼンハワーに書簡を送り支援を要請したが、拒否された。このアメリカの態度の背後には、運動支援グループの中にツーデ党のような共産主義、左翼主義のグループが関与していた事実があった。周知のようにアメリカは一九四七年にヨーロッパの復興を主旨とするトルーマン・ドクトリンを宣言して以来、強力に反共政策を展開していたのである。イラン―アメリカ関係は一層悪化した。

この不穏な状況の下に、イギリスがクーデターを画策し始めるが、最終的に中心的役割を担ったのはアメリカであった。五三年八月のことである。国王は事前に女王とともにイタリアへ避難した。クーデターは成功した。モサッデクは辞職せざるをえなかった。この政変にアメリカのＣＩＡが絡んでいたことはよく知られている。一説によると、アメリカとイギリスの提案によりＣＩＡが計画し実行したことは疑いないものの、イラン国内におけるナショナル・フロントの運動に対する不満や無関心の要素がなければ成功を収めなかったという。事の真相はともかく、イラン人の間では、最初からイギリス、アメリカが深く関わっていたと固く信じられている。

敗北こそしたものの、英米の画策に敢然と立ち向かったモサッデクは現在に至るまで、国民的英雄として記憶されている。石油国有化運動で注目すべきは、共産党、自由主義者、保守派、宗教勢力など、国民のあらゆる階層がモサッデクというカリスマ的国民的英雄の下に団結し、決起した点である。

そして、この運動が外部の力によって破壊されてゆく課程で、いやそれ以前においても徐々にではあれ、アメリカのイランへの関与が強化されていたのである。石油国有化運動が外部の圧力によって阻止されたことは、この過程の総仕上げであり、これ以後パハラヴィー王朝は、アメリカの強力な援助を受けながら「近代化」政策を推し進めてゆくことになる。

2 白色革命とホメイニーの国外追放

石油国有化運動によって、シャーは挫折とそれからの復活を体験した。国外逃避、そしてモサッデク政権がアメリカCIA主導のクーデターによって転覆させられてから王位に復帰したシャーは、アメリカの強い後援を得てこれまでとは一転した自信に満ちた国王を演じるようになった。その好例がいわゆる「白色革命（国王と人民の革命）」である。白色とは赤色（共産主義）に対立するものであることは言うまでもない。もともとこの「革命」は、アメリカの国際的反共戦略の一環として捉えるべきものであって、イランを中東におけるアメリカ軍事戦略の一環に組み込むことを意図したものである。さらに、アメリカを支持する国に対して軍事経済援助を行う見返りとして、当該国で農地改革を実施して自作農を作り出す政策を要求するのである。私的所有権を金科玉条とする資本主義の常策であった。すなわち、国内の寄生的大地主の所有する土地を有利な条件で小作人に分配することで、自作農を創出しようというのである。わが国の「農地改革」を想起すればよい。

農地改革法案は、一九六二年初めに議会を通過した。アリー・アミーニーが首相、アルサンジャーニーが農相であった。翌六三年一月九日、国王は六項目からなる経済・社会改革案を発表した。これが「白色革命」の発足であった。六項目とは、①農地改革、②森林の国有化、③国営企業株式の売却、④工業労働者への利益分与、⑤婦人参政権、⑥教育部隊の創設、からなっていたが、あくまでもその骨子は農地改革であった。すなわち、複数の村を所有する大地主について、一つの村のみの保有が許され、その他の村の土地を農民にとって好条件で売却する。イランには信頼に足るだけの土地台帳がないので、このような方策が用いられたのである。改革の第一段階において、およそ九パーセントの農民が土地を所有するようになったといわれる。これによって、少なくともこの段階の改革においては、農民たちは従来通り家族を扶養し税金を払えるだけの土地を得ることができたという。「革命」は、それなりの成功を収めたのである。

ただ、彼らは信用組合に加入しなければならず、そうすることによって必要な信用貸しを得ることができるようになっていた。しかし、実際には組合は資本不足で、必要な経費を貸与できなかったため、機能不全であった。さらに、アメリカから新式の農耕機械が導入されてもイラン人には使いこなせないなどの問題、農村で雇用されない労働者が都会へ流入するなど、深刻な問題をもたらすことになった。この過程で、一九六三年、農民たちの間で人気の高かった農相アルサンジャーニーは、自らの対抗勢力となりうる人物を嫌うシャーによって、突然、農相を辞任させられた。専制的支配者の小心な性格を如実に示す事件であった。

改革の第二段階は、保守派の圧力を受けながら、第一段階で開始された農地改革で実施されなかった残余の部分について改革を遂行することであった。趣旨は、現行システムを普遍化するものであって、新たに土地を配分することを意図していなかった。この段階において土地を取得した農民たちは、第一段階の農民に比して土地面積が十分でなかったため、生活を維持できないものが多かったという。その結果、先述の通り、都会への流民や貧困な農民が増加することになった。この段階で非常に重要な点は、地主の土地所有の上限に関する法が、イスラームの宗教的寄進財（ワクフ）にも適用されることになったことである。ワクフとは、いはば、不輸不入的な特権的財であって、主に土地や家屋など不動産からなっている。これはシーア派イスラームの宗教学者にとって政府から独立した立場を維持するために、極めて重要な経済的基盤であったため、彼らはこれを失うことを恐れ、強く反対した。

これに加えて婦人参政権の問題は、直接的に宗教勢力による反対行動に口実を与えた。シャーはチャドルを禁止し、婦人のための学校教育に力を注いだが、さほど効果は上がらなかった。特に、婦人の参政権については、イスラーム法によると、女性は法廷などで証言を行う場合、二人で男性一人に等しいと見なされるため、新法はイスラーム法に反するとして宗教界から強い反対があったのである。

しかしながら、全体として一九五〇～六〇年代のイランでは、宗教界はけっして活況にあったのではなく、アメリカの強力な支援を背景に改革に乗り出した国王の前に、むしろ低迷状態にあったと言える。ただ、上記婦人参政権の問題に関しては、首都やコムの町などを中心に反対運動が起こり、人々は反対集会を開催し、自主的に店舗や事務所を閉鎖した。このとき、イスラーム同盟（The Coalition of Islamic Societies）が重要な役割を果たすが、この活動組織において、後のイラン革命の主要な指導者たち――本書の中心的人物、モタッハリーもその一人であった――が名を連ねていた。後にイスラーム政府初代首相に任命されるバーザルガーン等の率いる「自由運動」のような世俗的なイスラーム主義者による反対運動もこれに同調していたことを忘れてはならない。

この運動において最も強硬に国王の政策に反対していたのが、ホメイニーであって、すでに反政府運動の主要な指導者と見なされていた。彼は一九六三年以前、一九六二年一〇月ごろからシャリアトマダーリーを代表とする慎重派ないしは保守派のウラマーたちと協議を開始していた。このような指導的宗教学者に対する積極的な働きかけと同時に、ホメイニーは商人たちとの関係をも強化しており、その知名度は一気に上昇していった。このような状況の下で、宗教学者たちに指導された人々は、シーア派の聖地であるコムの最高宗教教育施設ファイズィイェ・モスクに結集して抗議を行った（一九六三年、イランの正月――日本の彼岸に当たる、三月二二日）。これに対して政府は強硬な弾圧を行い、多数の犠牲者が出た（ファイズィイェ・モスクの悲劇）。

さらに、政府は四月前半、これまで兵役が免除されていた宗教学者に対して兵役の義務を課した。イラン二代目大統領ラフサンジャーニーの回顧するところによると、彼らは事前に何の連絡も受けることなく、突然兵営に連行されたという。この暴挙に対して、再び宗教学者を中心として人々の反政府運動が起こった。特に、六月三日（イスラーム暦第一月、モハッラム月一〇日に当たる）は、シーア派信者にとって宗教感情が最も高揚するアーシューラー、すなわち彼らが敬慕してやまない三代目イマーム・ホセインの殉教の記念日であった。六八〇年、わずか七〇名ばかりの戦士と共に三〇〇〇人を超えるウマイヤ軍と現在のイラクにあるカルバラーという場所で勇敢に戦い、壮絶な死を遂げたイマーム・ホセインの殉教を記念する日であり、シーア派信者にとって最も重大な意味を持つ極めて重要な日であった。このカルバラーの殉教事件は、シーア派のパトス（感性的側面）を形成する上で最重要の要素である。（詳しくは、拙著『シーア派イスラーム——神話と歴史』第4章を参照されたい）。この日、ホメイニーは、現体制の圧政はまさに一三〇〇年前にウマイヤ朝がイマーム・ホセインの代表するシーア派信者に対して行ったのと同様であり、これに敢然と立ち向かったホセインと自分たちが今直面する現状を対比する説教を行った。コムは反体制運動で盛り上がった。

このホルダード月一五日（モハッラム月一〇日、西暦では六月三日）事件に連座して、六〇名ほどのウラマーが逮捕されたが、その中には本書の主人公であるモタッハリーも含まれていた。この時点で、ホメイニーは確実に反パハラヴィー体制運動の首謀者とみなされるようになっていたのである。この説教の二日後、秘密警察（SAVAK）の役人と兵士がホメイニーの住居にやってきて、彼を逮捕、監禁した。ホメイニーは翌年四月いったん釈放され、自宅に戻ることを許されたが、引き続き宗教勢力の反体制運動が継続される中、六四年一一月四日、政府は再度ホメイニーを逮捕、そのまま空港に連行して国外へ追放したのである。ホメイニーの足かけ一六年にわたる国外追放の生活がこのとき始まった。

「白色革命」は、七一年九月二三日に終了宣言がなされた。これまで地主の支配の下で隷属していた農民たちは、とにもかくにも自分自身の土地を自分の意志で耕すことになった。しかし、一連の改革によって農民の生活が向上したとは言えず、また生産性が上がったわけでもない。ただ、この改革は彼らの地主への従属からの解放という社会改革の一面があったと評価される。

国王の唯一の意図は、体制の維持強化であった。六〇年代から七〇年代初めにかけての「高度成長時代」の要因の一つはこの「革命」であったと言われる。その一方で、この「革命」によって引き起こされた反政府勢力の不満に対して、納得のいく対応はなされなかった。結局、農地改革は政治的色彩が濃く、経済面でイランが抱える問題に対する抜本的解答にはならなかったのである。むしろ、七九年の革命を底辺で下支えした多数の非熟練労働者を大都市へ供給し続けた原因は、農地改革の「失敗」または不徹底にあるとも言えるであろう。

3 イスラーム革命

国王の悩みは意外なところで解決の糸口が見いだされたように見えた。一九七三年のいわゆる「石油危機」、産油国にとっては「石油ブーム」である。イランの石油生産は、一九七〇年における日産三八五万バーレル、七一年四五六万バーレル、七二年五〇〇万バーレルの水準であった。七三年と翌七四年は、アラブ産油国の石油戦略の結果(これが日本人にとって「石油危機」)、五八九万、六〇二万に達したものの、その後は大体五六〇~五八〇万バーレルの水準であった。しかし、石油収入を見てみよう。七二年の二四億ドル、七三年の四四億ドルの後、七四年は突如一七一億ドル、七五年一九〇億ドル、七六年二一〇億ドル、七七年二一〇億ドル、七八年二〇〇億ドルとなっている。

この石油収入が結果的に国王の命取りとなった。一般に健全な政府の責務は、国家の富を極力公平に国民の間に分配することである。少なくとも、善政とは、人々が富の公正な分配に与っているという意識を主観的であっても持っていることが条件となる。あり余る富を自由に散財することができる段階では、おこぼれに与る人々の割合は高く、不満の程度は限られている。たとえば、石油収入の増大によって、大都市を中心にして建設ブームが生じた結果、専門技術者、未熟練労働者に至るまで、ある程度の恩恵を受けることができた。

問題点としては、①国王が富を不公平に、恣意的に親族、寵臣、軍の幹部などを中心に分配したこと、②石油収入の多くが無意味なアメリカ製最新兵器の購入に用いられたこと、③②の結果、多くの外国人、特にアメリカ人の軍人とその家族がイラン国内に流入したため、伝統文化と対立する異質な文化が持ち込まれたこと、④外国人は収入の面で特別扱いを受けていたこと、⑤建設ブームなど国内の経済的活況は長続きせず、結局大都会で大量の失業者を生み出したこと、などが指摘できる。これらの要素が複雑に絡まりながら、人々の間で現体制に対する不満、外国人の横暴などについて憤懣が醸成され、やがて発火点に近づいていた。

この状況をさらに悪化させる要因の一つに、有名な秘密警察（サヴァク）による反政府運動の取り締まりがあった。この組織は、拷問、監禁などを日常茶飯的に行ったとされる。やがて、イランは世界でも最も人権の守られていない国として知られるようになった。加えて、七七年にアメリカ合衆国大統領に就任したカーターが、人権擁護政策を打ち出したことがこの流れに拍車をかけた。その結果、シャーとアメリカの関係に微妙な信頼関係の歪みを生じさせたかも知れない。国際アムネスティーなどからの圧力もあり、シャーは法制度の改革や拷問の削減などの措置をとらざるをえなかった。

そればかりか、シャーにとってショッキングであったのは、七七年一一月にワシントンを訪れた際、在米イラン人による猛烈な抗議デモに遭遇したことである。すでに述べたように、一九六〇年代から国王はアメリカの軍事、経済、外交的てこ入れによって「近代化」政策を進めていた。最も著しい例を挙げると、七〇年代半ばに、こともあろうに八代目イマーム・アリー・レザーの聖廟の周囲にあるバーザールを取り壊し、広場にする計画が実行された。多くの反対があったが、計画は実行された。現在もイマーム廟の入り口数百メートル手前から周囲の地下道路が聖なる廟の下を走っている。

人間の性質について一般的に言えることであるが、人間はある程度の物質的満足を得るだけで、この条件が満たされる限りにおいて現状維持に傾く。そして、安定が確実なものになれば、一層高次な要求を持つようになる。前節で述べたように、農村で仕事がなくくすぶっていた若者や壮年の人々にとって、都会は彼らに就労の機会を与えた。仕事さえあれば、最低賃金を得ることができたのである。しかも、都会に持ち込まれた外国の文化、特にアメリカ文化は、イスラームの観点からすれば大いに

国外追放後数年を経たホメイニー

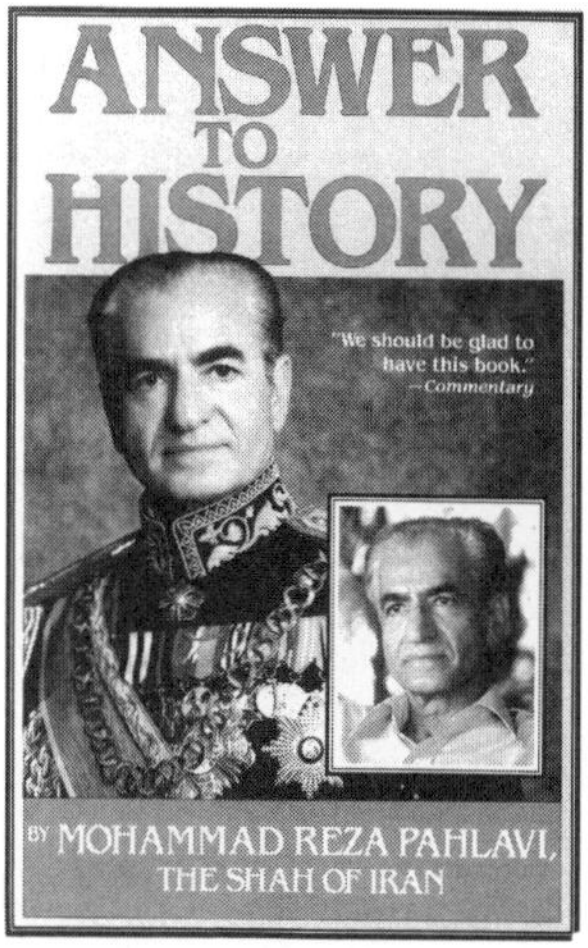

パハラヴィー朝二代目シャー

問題があったとしても、確かに「自由」であり、極めて魅力的なものであった。映画、ロックミュージック、ファッション、ナイトクラブ、酒、ポルノなど彼らを引きつけるものが多くあった。これをことさらに非難するつもりはない。これらを求めるのもまた人性の一面である。問題は、そして国王にとって最大の誤算は、この経済繁栄が長続きしなかったことである。人々の生活は所々で軋み始めていた。こうして、国外に追放されたホメイニーの訴えが聞き入れられる条件が徐々に整っていたのである。

これまた一般論であるが、宗教など精神的価値は暫く忘れていても、通常人はただちに生命を失うことはないが、食物はそのようにはいかない。したがって、物質は精神より重要であるというような考え方が生まれる。この考えが根本的に誤っているのは、どちらか一方がより重要かという二者択一を迫る点である。「人はパンのみによって生きるにあらず」という、聖書の言葉は有名であるが、イエス・キリストですらパンが人間の生存に必須であることを認めていることを示している。ただ、パン以上に、あるいはパンに勝るとも劣らぬ重要なものがあると言っているのである。一九七八年頃のイランでは、日々のパンが欠乏していた。

実は、国外追放中のホメイニーの言説が、一九六四年以来七〇年代半ばに至るまで、イラン国内で大きな反響をもたらしたことを示す形跡はない。次章で示すように、モタッハリー等、ホメイニーの側近や弟子たち、イラクにおけるシーア派の聖地ナジャフに滞在中の彼の周りに集まった学僧や支持者たちを除いて、彼の主張に耳を貸すものはさほど多くなかった印象がある。ナジャフで行った講義の集成である『イスラーム政府』を調べてみると、彼の主張は基本的に次の二点である。①イギリス、アメリカ、イスラエルなどの帝国主義の国と、それを支持する現パハラヴィー王朝は、不正（ゾルム）であり、これを倒すことによって、抑圧された人々を救済することが必要である、②現状に至った理由の一つは、宗教学者の体質にも原因があり、すでに一定のレベルに到達した学者や現在就学中の学僧に至るまで、自己の倫理的向上を目指す必要がある。

　これまで、七九年の革命論は①に見られるホメイニーの政治的側面を強調する傾向があった。というより、この点だけが強調されてきた印象がある。本書では、②の問題を彼の弟子がどのように受け止め、深く考察していたかについて、詳細に考察する予定である（第6章、第7章）。私見では、両者は均等にバランスを持って考察することが必須である。というより①の問題は、②の基盤の上に立脚すると言うべきだろう。ただ、②の基底に含まれているイスラーム倫理の問題は、結局ホメイニー等のイスラーム宗教学者にとっても容易に乗り越えることのできない、最難題の一

米製兵器で君臨するシャー（合成写真）

つであったことを知るのである。克服が困難であるだけに、なおさら執拗に訴えられたのに違いない。

さて、一九七三年以降、石油収入が増大した結果、一時的にイランは経済ブームに沸いたが、それは長続きしなかった、というところまで述べた。この状況の変化によって、徐々に社会変動、革命的雰囲気が醸成されていく。社会変動をもたらす物質的条件が整うと、後はそれを動かすイデオロギーが要請される。それはホメイニーによって準備されていた。残るは、いつどこで運動が開始されるかである。大事件の発端などというものは、意外にたわいもないことである場合が多い。一九七八年一月、コムの町でそれは起こった。政府によるホメイニーに対する中傷を直接の契機として、町の人々が抗議のために座り込んだのである。『エッテラーアート』紙の記事は、「イラン、赤と黒の植民地化」と題され、黒（聖職者）の反動的介入を非難したものであった。具体的な中傷の内容は、ホメイニーは得体の知れないインド出身者であるというものであった。若い頃に書いた愛の詩が、インド人名で署名されていたというのである。これに対して、憤慨した人々は正統な憲法の制定、検閲当局の撤廃、農民への国家援助、ホメイニー師の帰還要求などを主要な内容とする一二の項目を掲げた。この集会で、四〇〇〇人のデモ隊と政府軍が衝突し、一〇名とも七〇名とも言われる死傷者が出た。この情勢に、保守派のシャリアトマダーリー師も政府が反イスラーム的であると宣言せざるをえなかった。ここに、革命の火蓋は切って落とされた。

一説によると、革命の主導権が宗教勢力に移ったのはこの時点であるという。つまり、注意を要するのは、革命の初期の段階からその担い手は多岐にわたっており、けっして宗教勢力だけではなかったということである。左翼勢力、保守派、リベラルなグループ、フェダーヤーネハルクやモジャーヘディーンハルク等のゲリラ組織まで参加していた。革命はこれらのグループの人々が一致協力することによって成就された。ただ、重要なのは、互いに主義主張が異なるグループを統合できたのはイスラーム勢力しかなかった点である。しかも、イラン近代史のいわば定番とも言える運動のパターンを踏襲している点である。

たとえば、反たばこ利権闘争（一八九一〜九二年）では、外国人に与えられたたばこ利権をめぐって、イラン国内で反外国人、反政府の共同戦線が宗教学者の指導の下に形成された。このとき、当時シーア派世界で最高の権威と認められていたシーラーズィーという人物が外国人の手で製造されたたばこの喫煙を禁止する教令を出し、これがあまねく受け入れられたことが、運動の成功をもたらした決定的要因であると考えられている。他方、立憲革命（一九〇五〜一一年）は、イランに初めて憲法がもたらされた重要な事件である。このときは、当時テヘランにいた三人の高級宗教学者が指導的役割を果たし、さまざまな利害が渦巻く運動の参加者を一致団結させ、当座の目的を達成するのに不可欠の役割を果たした。いずれの運動においても、一般信者たちを統合する宗教学者の指導力がなければ、所期の成果を得ることができなかったことは明らかであった。

ただ、この二つの運動においては、宗教学者の指導力、人々を統合する能力は遺憾なく発揮され、証明されたとはいっても、中・長期的な社会や国家の運営方針があったわけではない。しかしながら、七九年の革命においては、ホメイニーや彼の側近によって革命以前から、さらに革命中に運動の向かうべき方向性についての形（イデオロギー）がある程度明確に準備されていた点が、上記二つの運動とは根本的に異なるところである。

一月のコム事件から八月に至るまで、宗教勢力に指導された反政府運動は、四〇日を周期とする追悼集会の繰り返しによって、拡大の一途をたどった。テヘランをはじめエスファハーン、シーラーズ、タブリーズなど、各地で反政府の集会が催された。しかし、まだこの段階では都市別の抗議行動であった。八月に初めてエスファハーンで戒厳令が施行された。

ところが、同一九日アバダーンのラックス映画館が炎上し、四〇〇人以上の死者が出るに及び、革命運動の性質が大きく変化したと言われる。すなわち、これまでに比して、運動参加者の規模が飛躍的に拡大するようになったのである。宗教関係者は言うまでもなく、事務職、公務員、工場労働者など、幅広い参加者を集めるようになった。特に九月八日、主要一二都市で朝の六時から戒厳令が敷かれ、デモや集会が禁止されるようになったにもかかわらず、テヘランのジャーレ広場でデモが敢行され、これに対する政府の対応によって生じた虐殺事件で、イラン全土を結びつける国民的運動へと変貌を遂げたのである。

一〇月六日、国王を非難し続けたホメイニーは、イラン政府の圧力を受けたイラク政府によって、ナジャフ滞在が許されず、結局追放されて、パリ郊外に移らざるをえなかった。しかし、結果的にこれは革命運動にとって大変有利に働いた。すなわち、世界のマスコミがホメイニー師に殺到した結果、世界の耳目がこの老人に引かれたのであった。今や、イランの問題は世界の問題となった。イラン国内では、先述の状況が続いていた。産油地アフワーズでの石油労働者のストは長期に及び、コムでも二〇万人規模のデモが組織された。そして、ついに運命の一二月九日がやってきた。モハッラム月の九日、すなわち三代目イマーム・ホセイン殉教の前日である。ターレカーニー師を先導として、テヘランで一五〇万人規模のデモが行われた。雌雄は決した。国王はバフティヤーリーを臨時政府の首相に任命して国外に逃亡した。シャーは二度と祖国の土を踏むことはなかった。

　以上、一九五〇年代から七九年の革命に至る経緯を概観した。以

150万人デモ

反政府デモ

下の章で述べるモタッハリーの思想活動が行なわれた時代はこのようなものであった。ではモタッハリー自身はこの時代にどのように人となったのか。彼の思想について学ぶ前提として、その経歴について解説する作業から始めよう。

第2章　ホメイニーの愛弟子
――モルタザー・モタッハリーの生涯

宗教学者と言っても普通の人間である。同時にイスラーム社会、特に本章で扱うイランのイスラーム社会の重要なメンバーとして、彼らは独特の価値、知的雰囲気を保持している。イスラーム社会をよりよく理解するためには、このグループの人々の特殊な事情についての知識が不可欠である。革命後政権を担当するようになった特殊な状況の下では、特にこれが当てはまる。本章では、ホメイニー師の愛弟子の一人、モルタザー・モタッハリーの生涯を通じて、一人の宗教学者がどのような人となりを持ち、一人の思想家として自立するようになったのか、具体的に紹介することによって、宗教学者サークルの独特の雰囲気を垣間見たい。同時に、彼とホメイニー師の関係、師から受けた影響などに注意を払いながら両者の関係について解説する。

一九七一年四月三日、モタッハリーは、ある書簡の中で次のように述べている。彼の基本的立場を知る上で大変興味深いので、ここに紹介する。

この私は、二〇年前に独立して思索するようになってからは、宗教学者に関して、批判的ではあるが（同時に）真摯な支持者であり続けて参りました。この基本を真剣に支持し、擁護しています。同時に私自身の誇りがこの階層に属することであることも承知しております。私は最も優れた人物をこの階層に見いだして参りましたし、宗教学者を一四〇〇年続くイスラーム文化の継承者であると承知いたしております。そして、私自身がこの実りの分け前をいただく者であります。この教え（イスラーム）は必ず生き延びねばなりませんし、他の何ものもその地位に取って代わることはないと確信いたしております。私は宗教学者の基盤に対抗するいかなる種類の戦線にも反対いたしますし、「宗教学者抜きのイスラーム」というテーゼを一種の帝国主義であると認識しています。と同時に、私は宗教学者層に対して一人の批判者でもあります。私は宗教学者層の中で改革が行われねばならないと確信しているのです。この聖なる服（僧衣）を身につけた無資格な者が多くいます。誤ってこの聖なる服を身につけた者や、真の宗教学者以上に宗教学者であることを見せびらかす人々に、盲目的に従うべきではありません。二〇年も前から今日まで、私の言ったこと、書いたこと、それらはすべて二つの原則、つまり（宗教学者への）支持と批判に基づいているのです……。

要するに、彼の関心の中心は、反宗教勢力に対する戦いと宗教勢力の抱える内部問題であった。その内容については以下で解説する。ところで、書簡冒頭の「二〇年前」とは、革命後シーア派イスラーム世界で最高の学問府となったコムの町から首都テヘランにモタッハリーが移住した、一九五二年頃である。事実、彼の教育、著述、講演活動が本格化するのはちょうどこの頃からである。この意味で、主人公の生涯を理解する上で、テヘラン在住期間は極めて重要である。ただその前に、この期間の活動の意義を一層明瞭にするために、それ以前の彼の経歴を調査する必要がある。

1 生い立ちからコムに至るまで——一九二〇〜三七年頃

モルタザー・モタッハリーは、一九二〇年イラン最大の宗教都市マシュハドの南に位置するファリーマーンで生まれた。宗教学者の家系であった。父親はホセイン、母親はスカイナといい、彼女も宗教学者の娘であった。二人には五人の男子と二人の女子、計七人の子供がいた。モルタザーは次男である。

四男のタキーによれば、祖父のアリーは一八七八〜八二年頃、聖地マシュハドからファリーマーンに移住してきた。地元の名士といいざこざがあったが、イスラーム暦第一月モハッラム月に行われるシーア派の聖者イマーム・ホセインの殉死を追悼する集会で受難物語を見事に語った。その結果、住民から同地にとどまるように要請を受け、ファリーマーンに定住することになったという。モタッハリーの父親は、この人物の第三子であった。非常に正直な人物で、特に金銭には厳格であった。宗教学者が通常行う文書作成の手数料などで生活していたが、生活はつつましいものであった。父親譲りなのだろうか、モタッハリーは自ら語るように、「自分は蓄財に関しては機会を放棄してしまっているので、たぶん他の人から見れば、ちょっと気が変に見え」る面があった。一方、母親のスカイナは学問のない女性ではあったが、記憶力抜群で弁舌に優れていた。モタッハリーは母親のことをコンピューターのようだ、と述べている。彼の弟によれば、モタッハリーの記憶力の良さや弁舌の巧みさは母親譲りだ、ということになる。ただし、彼自身は生涯物静かで、口数の少ない人物であった。

モタッハリーは、五歳頃に書物に興味を示し始め、父の書斎にこっそり忍び込んでいた。他の子供のように子供らしい遊びをすることがなかったので、両親は心配していたらしい。友達と川へ泳ぎに行っても、裸にならないで、友達ともあまり遊ばなかったという。

父親から初歩のアラビア語を学んではいたが、一〇歳になって、伝統的なイスラームの学問を開始した。一三歳の時、兄とともに地元マシュハドのエブダール・ハーン宗教学校で二年間宗教の学生として修学した。

ところで、一九三〇年代のイランといえば、前章で述べたパハラヴィー王朝（一九二五〜七九）の創始者、レザー・シャー（一九二五～四一在位）の時代であった。この人物は、統治の初期においては、イラン社会に隠然たる影響力を持つウラマーの力を利用する政策をとったものの、いったん自らの権力の基盤が据えられると判断するや、イラン民族主義の名の下にイスラームに敵対する立場を鮮明にした。女性のチャドルの禁止、洋服の採用など、イスラーム法の管轄する領域に露骨に干渉する典型的な反イスラーム政策であった。

八代目イマーム・アリー・レザー（七七〇～八一八）の廟があり、国内最大の聖地であるマシュハドにおいてもその影響が見られた。したがって、宗教的学問は概して低調であった。モタッハリー自身次のように述べている。

レザー・シャー

私は子供の頃、大体一九三五～三六年頃ですが、ホラーサーン地方に住んでおりました。もし人々の記憶にあるとすれば、ホラーサーンで特にあの事件の後、地域全体で二～三人以上の宗教家（ターバンを被っている者）はいなかったことが分かっています。八〇歳くらいの老人と、六〇歳ならびに七〇歳のモッラー（下級の宗教

モタッハリーの父親

家）、モジュタヘド（高級宗教学者）、教師たちが配置されておりました。学校の扉は常に閉ざされていました。ほとんどの学校は意味あって閉ざされていて、誰一人宗教が再び蘇生するなどとは信じておりませんでした。

すでに述べたように、モタッハリーはマシュハドの地で二年間を過ごした後、故郷のファリーマーンへ戻った。そしてさらに二年間、読書三昧の日々を過ごした。彼によれば、将来の研究の基盤ができあがった時期であった。

一七歳または一八歳になったモタッハリーは、当時シーア派世界で注目を受け始めていた宗教研究の中心地コムへ行く決意をした。この町はシーア派世界で特異な位置を占めていた。その端緒となったのは、八代目イマーム・アリー・レザーの妹ファーテメがマシュハドにいた兄に会うために、サウジアラビアにある預言者ムハンマドの町として知られるメディナから長途イランへの旅をして、病に倒れた結果この地に埋葬された事件である。八一六年のことであった（拙著『シーア派イスラーム——神話と歴史』第7章参照）その後、権力者や一般信者の篤い信心の対象として、コムの町は彼女の墓廟を中心に発展する。

聖地コム

一九世紀末に至っても、ファーテメ廟は特に女性信者の憧憬の地であるとともに、時の権力者たちは多大な代価を支払って、少しでも至聖所に近い墓所を獲得しようとした。この町は首都テヘランから南へ一五〇キロメートルのところにある。たとえばカージャール王朝（一七八五〜一九二五）末期、自らの私有する村の経営を有効に行うことが主要な目的であったとはいえ、時の宰相アミーヌッ・ソルターン親子は、首都とこの聖都を結ぶ幹線道路の整備に尽力した。

このように、コムの町は巡礼地、埋葬の地としては国内有数の聖地として人気があったものの、一九二〇年代前後に至るまで学問の中心地として必ずしも盛況であったわけではない。そもそもシーア派世界では、現在のイラク南部にあるアタバートと呼ばれる地域にイマームたちの聖廟が多数存在するため、伝統的に学問の中心地として栄えていた。しかし、一九二一年にシーア派の碩学ハーエリー師（一八五九〜一九三六）がコムに来て、学院再興の基礎を据えたことによって、現在に至るまでこの町は、シーア派学問研究の中心地として承認されている。

モタッハリーはこの町で宗教的学問の研鑽をする決意を固めたのだが、周囲はこれに反対を唱えた。すでに述べた通り、当時のイランはレザー・シャーの反宗教的、民族主義的政策によって、宗教学者として身を立てることが極めて困難であったことが最大の理由であった。宗教学校は閉鎖され、宗教家であった者も職業を変え、政府の役人になったりするような時代であった。特に、母親は息子にファリーマーンを離れてほしくなかった。彼女はさまざまな策略をめぐらせて、コム行きをとどまらせようとするが、結局モタッハリーの決心を変えることはできなかった。

2　研鑽の時代

コムの町に移ってからの一、二年間は、まともに居住する部屋もないほどで、まるでトイレのような部屋で生活していたという。案の定、病気に罹ってしまった。しかし、回復してからは学問を再開し、一九四一年には、弟のタキーをコムに誘っている。一九三七年から五二年に至るコム滞在は、実質的に哲学者・思想家モルタザー・モタッハリーが形成された時期である。この時期に、テヘラン移住後の全活動の中身がほぼすべて具体的な形で現れている。これを可能にしたのは、まず何より生涯を共有する恩師と友人に出会ったことであろう。彼らとの学習、議論を通じて、モタッハリーの問題意識は徐々に鮮明になっていった。では、まず当時の学院の雰囲気について述べてみよう。

イスラーム世界の学校にも必修科目はある。アラビア語、文法、文学、論理学、コーラン解釈学、伝承学、聖者伝、法学原理などである。しかし、ほとんどすべては、選択必修科目である。モジュタヘドと呼ばれる高級宗教学者の資格を得るためには、これらの学科すべてについて該博な知識が要求される。多くは暗記中心の科目であるが、これらの分野の知識は、あらかじめ定められた教師の授業に出席することによって自動的に与えられるのではなく、学生たちが主体的に選んだ教師の下で研鑽を積む点が特徴である。特に上級生になると、質疑応答の授業が中心を占める。いつ卒業の認可を得られるかは定まっていないので、何年経ってもモジュタヘドになれない者がたくさんいる。一方、教師の側から言えば、魅力のない授業しか提供できない教師には学生が集まらないので死活問題である。以上がイスラーム世界の学校制度の原則である。

後述するように、新たにコムにやってきたモタッハリーにとって最大の恩恵は、優れた教師、ホメイニー、ボルージェルディー（?～一九六一）、タバータバーイー（一九〇三～八一）などの恩師に出会ったことである。加えて、全体としてのコムの学院に充満していた雰囲気が、彼の思想的立場を形成する上で影響していたと考えられる。

再興者ハーエリーの先見の明によって基盤が据えられたコムの学院には、新しい時代に適合した学問が論議される雰囲気があったという。つまり、この時代に先立つさまざまな事件、たとえば一八八九一～九二年の反たばこ利権闘争に始まり、一九〇五～一一年の立憲革命、第一次世界大戦、さらに前章でも触れたように、この時代に一貫して観察できる英国、ロシアを中心とするヨーロッパ帝国主義諸国の侵略、確執をハーエリーは具に観察していたので、実践的な対応を講じることができた。あまり役に立たない旧態依然たる議論以上に、実際的にコムの学院、ひいてはシーア派全体の改革を実現することに留意していたというのである。

確かに、ハーエリーが指導していた時代は、シーア派の宗教学者が社会・政治的に目覚め、後代、決定的に重要な役割を果たす礎となった時期である。しかし、これには別の政治的現実が反映していた。前節で指摘したように、三〇年代以降とみに厳しさを加えたレザー・シャーの宗教政策に露骨に対抗するのは得策ではなく、暫く忍耐しながら宗教制度の内面を充実させることに注意を向けたのが実情であった。

ハーエリーが採用したこの作戦は、長期的には成功を収めたとは言えるが、短期的には国王の圧政に荷担する効果があったことも事実である。ともあれ、このときを起点にコムの町は復興した。やがて、アタバートを凌駕するほどの勢いを持つ学問の中心地となる一歩を踏み出した点は、特筆に値する。

一九三六年にコムの学院の再興者が没した後の大事件は、ボルージェルディーがこの町に定住することになったことである。この人物はイラン西部の州、ロレスターンにあるボルージェルドに生まれた法学者である。多くの弟子の育成に従事して、一九六一年に他界するまで、特に法学の分野での令名が高かった。同時に高い倫理性を持つ人物としても知られていた。彼は一九世紀半ばに制度化された単一のマルジャイ・タクリード（模倣の源泉）と言われる、シーア派学会で最高の学識を持つ者として受け入れられた最後の人物で、広汎な影響力を持っていた。この制度はイスラーム的（シーア派的）「民主主義」を考える上で非常に重要なので、第7章ならびに「おわりに」で改めて解説する。

とまれ、当時のコムの指導者たちがボルージェルディーを招聘しようとした主な理由は、出身地ボルージェルドの学院復興に果たした彼の手腕と実績である。ある記録に拠れば、ホメイニーは「ボルージェルディー師は三〇年遅れてコムにこられた。もし師が三〇年前においでになっていれば、コムの学院は学問の観点から異なったものになっていただろう」と述べたという。いずれにせよ、この人物の到来によって、同地の学問、特に宗教原理、比較法学の分野で著しい発展が見られた。無論、モタッハリーも大いに恩恵を受けた。

ボルージェルディーは、同時代の社会、政治問題に関しても広汎な知識を持っていたが、政治に関しては終始慎重な態度を保持し続けた。実はこのような態度は、宗教学者が伝統的に保ち続けたものであって、先述のハーエリーにも当てはまる。

このように、ハーエリー、ボルージェルディーと続いたコム学院の基盤「整備」の過程は、いわば歴史の副産物であって、必ずしも宗教勢力が主体的かつ積極的に打ち出した方策とは言えない面があった。ただ、この準備期がなければ、後の宗教勢力の強化、拡大はほぼ考えることができない。これは歴史の大きな皮肉であった。つまり、ホメイニーやターレカーニー（一九一〇～七九）、そしてモタッハリーなど、七九年の革命の立役者たちが徐々にではあるが、着実にその環境の中で育っていたのである。

話をモタッハリーに戻そう。一七～一八歳でコムにやって来て、最初の一～二年は極貧状態で体を壊したところまで述べた。この頃のモタッハリーは、若者らしく将来の不透明感に悩んでいた。特に思想の根本が定まらぬため、精神的に極めて不健康な状態にあった。本人はこう述べている。

私が自分の精神の変化について覚えている限りでは、一三歳の時にこの胸の騒ぎを内に覚え、神に関する問題について不思議な感情を見いだしました。さまざまな疑問（もちろん、その当時の思想の程度に応じてですが）が次から次へと私に現れました。コムに移った最初の頃は、まだアラビア語の初級も終了しておらず、このような思想の中で溺れながら、激しい「孤独」への願望が私の中に現れていたのです。（私の）存在は勉強部屋に耐えることができませんでした。二階のその部屋を半ば墓の

ような部屋に変え、一人で自らの考えとともに暮らしておりました。（中略）

私は自問自答していました。この原則（イスラーム）への信仰や真実な精神は、根本的に人間が古い学問の分野を習得することとは無関係なのではないか、と。多くの人々がこの学問を捨てて、他の分野を専攻しています。それなのに、彼らは強い信仰を持っていて、実際に敬虔であり、普通のイスラームの支持者で宣揚者でもあります。さらに、多かれ少なかれ、イスラーム研究もしています。実際、私がそのような分野で自らの信仰の基盤を手にすることは可能でしたし、（それは）今手にしているものより良いかも知れないのです。

このような深刻な悩みの中にモタッハリーはあったが、相変わらず通常の授業は続いていた。転機は訪れた。本人に拠れば、この低迷の状態から神智（イルファーン）との出会いによって脱出の機会を得たのである。この点は後で触れる。ともあれ、迷いの隘路を脱出したモタッハリーは活発に教師や同僚と議論を行った。特に、社会、政治、学問の改革をめぐる討論を行い、徐々に若手の学僧の間でリーダー格になっていったという。そして、彼の形成したグループの中から、七九年の革命以後枢要な地位に就く者が排出した。

コムの学院内部はけっして一枚岩であったのではなく、政治や学問上の指導権をめぐって対立、抗争が見られた。とは言っても、宗教的学問の都コムは、再興者たちの思惑に従い、比較的自由かつ活発な雰囲気であり、モタッハリーが社会、政治的関心を明確にするのにふさわしい環境をある程度提供していたようだ。ただ、コム滞在の最後の一～二年は、彼にとって窮屈であったという。やがて、モタッハリーは躊躇しながらもこの町を去り、首都テヘランに向かう決心をした。

弟のタキーによれば、テヘラン移住直前の一九五二年頃、兄弟の経済状況は最悪であったという。一ヵ月の家賃一〇～一五トマーンの部屋で生活しており、父親の書物を売却するなどして糊口をしのいでいた。ちょうどその頃、テヘランでバーザール商人やその他の人々に哲学を教える仕事が転がり込んだ。給与は二五〇トマーンであった。モタッハリーは大いに喜び、やがて大学での仕事にも専念できる環境が整いつつあった。

確かに、一九五二年にテヘランに移住する決意をした主要な理由として、経済的要因があったことは明らかである。同時に、恩師ボルージェルディーとの信頼関係に微妙な亀裂が入ったことも理由としてあげることができよう。しかしながら、彼の真骨頂が見られるのはこのテヘラン移住後であり、この出来事は彼の生涯において決定的に重要な意義を持つものであった。ただ、テヘラン時代について述べる前に、ボルージェルディー以外に、コム時代に出会った三人の生涯の師について触れねばならない。

3 生涯の師との出会い

まず、モタッハリーの第一の師であり、七九年の革命の精神的指導者と言われたホメイニー師との関係について述べよう。この人物は、さまざまな点で誤解されてきた。近代史上に類例のない革命の華々しさゆえに、この人物の過激性、革命性、政治性があまりにも強調されすぎてきた印象がある。モタッハリーは、生涯の師として、また父親のごとく親しく交わった人物について、以下のように述懐している。

私の偉大なる恩師は大アーヤットラー・ホメイニー師です……。コムに移住してから、自失の状態にあった自己を他の人格の中に見いだしました。私の乾いた魂は、この人物の清澄な水源によって満たされると感じました。コムへの移住の初期においては、まだ心が安堵する段階に達しておらず、安易に平穏が得られなかったとはいっても、私が敬愛する人物による木曜日と金曜日の倫理学の授業は、実際、教育と道徳の勉強であって、枯渇した知識の理解による倫理ではなかったので、私を魅了しました。誇張ではなく、この授業は私を魅了したのであって、次の週の月曜日、火曜日まで、激しく私をその影響下に置きました。

私の人格の重要な部分が、その授業の中で、そして後にはその尊い教師に従った一二年間に学んだその授業において約束されたのであって、自分が彼に魅了されたことが分かっていたし、今でも分かっています。まさしく、あの方は「神の聖なる魂（ルーホッラー）」でした。

しかし、その「案内された旅」において、何百もの心の宿営を彼に同行しました。そこには、彼の名前、言葉の聴聞、暖かい魂、張りのある声、鉄のような意志、廉直さ、勇気、洞察力、沸き立つ信仰、特殊であるのに普通の言葉、などがありました。つまり、命の命、勇者の勇者、眼の光、イラン国民の愛しい魂である大アーヤトッラー、ホメイニー師は、良き人であり、神が私たちの世紀と時代へと導いてくださり、明白な証拠とされたのでした。「まことに、神はいずれの時代にも公正で偉大な人物を設けて、過誤を犯す人々の逸脱を己の宗教から取り去ってくださるのである」。

あの偉大なお方のそばで護られて智慧を得た一二年間、あの智慧と寛容の源の近くにいて感謝しながら魂と智慧の獲得に与ったことについては、徐々に多くを語ることにいたします……。

いささか気合いが入りすぎている印象がないわけではないが、モタッハリーのホメイニーへの傾倒ぶりが明白に読み取れる。

ところで、ホメイニーの初期の経歴を見れば明らかなように、彼の最も得意とした学問の分野は倫理学、およびイルファーン（神智学、グノーシス）であった。ホメイニーは若い頃から哲学、グノーシスに強い関心を示しており、むしろ彼の本質はこの分野であった。中世のイスラーム思想家で神秘主義を確立したイブン・アラビー（一一六五～一二四〇）や、特に神学者でイスラーム神秘主義者のモッラー・サドラー（一五七一～一六四一）への傾倒は顕著であった。後者については、第4章、第6章で触れる予定である。

重要な点は、モタッハリーの師ホメイニーは、通常考えられているような政治的過激主義者ではけっしてなく、むしろ彼の思想の基盤は倫理学、グノーシスに裏づけられていた。彼の思想傾向は、第1章で述べた一九六三年の事件（ホルダード一五日事件）を経て（第1章）、強い政治性を帯びるようになった。実は彼の弟子モタッハリーの著作、講演を検討しても同様の特徴が見られるのであって、テヘラン移住後の一九五〇年代から六〇年代に至る作品は、倫理色の強いものが圧倒的に多い。

さて、先ほど引用した内容からも理解できるように、モタッハリーとホメイニーの出会いは運命的であった。この関係は一九六三年のホルダード月一五日事件、さらにホメイニーが国外追放されても断ち切られることはなかった。それどころか、七〇年代以降、イラン国内の社会、政治的状況が不安定になるにつれて、モタッハリーはいわば恩師の参謀の役割を果たすようになる。革命成就後は、指導者の絶大な信任を得ていたため、革命評議会のメンバーに選ばれている。

モタッハリーの人生の師としてあげなくてはならない次なる人物は、タバータバーイーである。この人物が特筆されなくてはならない理由は、モタッハリーの哲学思想を支える二本の太い柱、すなわちグノーシスと西洋近代哲学に関する造詣が深くこの人物と関わっているためである。唯物主義、特に西洋の無神論に対する論駁は、モタッハリーの生涯に於ける最大の関心事であった。彼はタバータバーイーに出会う大分前、二五歳の頃（一九四四年）からコムでの研鑽時代を回想して、次のように述べている。

……私は言葉では言い表せない熱意と情熱と興味をもって、神智学と唯物哲学を追究した結果、まだコムにおりましたその頃、唯物哲学は実際哲学ではなく、深く神智学を知り、理解する者であれば誰でも、すべての唯物哲学を抹殺してしまうだろうと確信いたしました。今日に至るまで二〇数年が経過していても（一九七七年）、私は、この間、この二つの哲学の研究から離れてはいませんが、日に日にその信念は確固たるものとなり、唯物哲学は哲学を知らぬ者の哲学であると思うのです。

モタッハリーがタバータバーイーの授業に参加したのは、一九五〇年のことである。したがって、この時期までに、こと西洋の唯物思想についてはすでにある程度の準備ができていたようである。また、二年後にテヘランに移住するので、この師と学んだのは二年程度であるが、モタッハリーは、のちに『哲学原理――現実主義的方法』という師の講義に詳細な註を施し、同タイトルで大部の書物を出版している。彼はタバータバーイーについて、こう語っている。

一九五〇年、数年前コムに来ておられて、さほど知られてはいなかった偉大なる教師タバータバーイー師の授業に参加いたしまして、イブン・シーナー（九八〇～一〇三七）の哲学を先生から学びました。そして、師が唯物哲学の研究のために開講された特別授業の一つに参加いたしました。この二〇年間に、イラン人のために唯物哲学が事実無根のものであることを示すために計画してきた『哲学原理――現実主義的方法』は、この恵み溢れる交わりによって基礎が据えられたのです。

一方、タバータバーイーは、テヘランを訪れるときは必ず、モタッハリーの家に滞在したという。これまでに述べた三人の恩師、ホメイニー、ボルージェルディーおよび、タバータバーイーの他に、すべての伝記記者が強調するもう一人の人物がいる。シーラーズィー（ハージ・ミールザー・アリー）である。この人物はモタッハリーに『雄弁の術（ナフジュル・バラーカ）』という書物の奥義を伝授したことで知られる。『雄弁の術』については、第6章で若干引用紹介するが、一二イマーム派シーア主義で認められた一二名のイマームの中で初代の位置を占めるアリーの説教、演説、手紙などが収められた書物である。シーア派の信者にとっては、コーランに次ぐ重要性を持つ書物である。シーア派そのものが「アリーの派（シーア・アリー）」から派生したわけであるから、この書物の意義はおおよそ察することができるであろう。

モタッハリーは、もちろん以前からこの書物を知っていたが、一九四一年の夏期休暇中におそらく友人のモンタゼリーとともにエスファハーンの町を訪れたときに、新展開が見られた。モンタゼリーは、一時ホメイニーの後継者に認定されていた人物である。彼とエスファハーンを訪れて、シーラーズィー師と出会ったことによって、モタッハリーにとって、この書物そのものの意味が変わってしまった、というのである。

私自身の恩師、私の生涯に出会った最大の人物の一人であり、まさしく禁欲主義者、信者と信仰人の模範であり、歴史の中で読んだことのある真正の先達を思わせる、故シーラーズィー師について、記憶しておりますが、それについて語ることは無益ではないでしょう。

彼（シーラーズィー）は自ら『雄弁の術』の体現者でしたし、『雄弁の術』は彼の生命の奥に入り込んでおりました。この人物の魂は「信者の長（すなわちイマーム・アリーの称号）」の魂と結びつき、ぶつかり、結合していると感じました。私は常に思うのですが、まさしく私自身の最大の源泉がこの偉大な人物の言葉であると見なしております。（高貴なるアッラーの恵みが彼の上にあらんことを、さらに清浄なる聖者と無謬なるイマームたちと共にあらんことを）

このように、モタッハリーがコムに滞在した期間（一九三七～五二年）は、学者、思想家として、また指導者としての内的成長、充実の時代であった。この時代に彼の将来の活動が準備されたと言ってもよい。疑いもなく、この住み慣れた聖なる町を去ることにためらいはあった。しかし、すでに述べたいくつかの理由で、モタッハリーはコムを去ることになる。飛躍への旅立ちであった。

4 首都テヘランでの活動——一九六〇年代半ばまで

前年結婚していたモタッハリーは、一九五二年テヘランに移った。そして移住後しばらくして、エライヒヤート大学、テヘラン大学神学部で教員に採用された。しかし、テヘラン大学教授になるのはずっと後のことで、出世は遅かった。たぶん、もともとあまり関心がなかったと思う。だが、この環境の変化は、彼の人生の画期であった。なぜなら、宗教学者に囲まれたコムの学院を離れ、若い世俗的な知識人、なかんずく学生、さらにバーザールの商人など、一般の信者と直接接触するようになったからである。この点で、バーケル・モインの指摘は正しい。

伝統的な宗教学院の囲いから抜け出し、非常に異なったテヘラン、ならびに大学という知的環境に入り込んだことで、モタッハリーは単に新しい知的環境に直面したばかりでなく、急速に変貌を遂げ

代表的著作一覧

年度	学術的活動	説明
1953	執筆活動	コム「Hikmat」所収
	『哲学原理と現実的方法』第一巻	註と追加
1954	『哲学原理と現実的方法』第二巻	註と追加
1955	執筆活動	「Maktab-e Islam」所収
1956	『哲学原理と現実的方法』第三巻	註と追加
1957	執筆活動	「Maktab-e Tashayyo'」所収
1960	『善き人々の話（Dastan-e Rastan）』第一巻	逸話集
1962	アーシュラーの説話	技術者のイスラーム集会での講演
	マルジャであることと聖職者	論文集
	月例講話（Goftar-e Mah）	宗教の月例界での講演
1964	『20の講話』	イランーラジオでの講演
	『善き人々の話』第二巻	逸話集
1966	「宗教の太陽は決して沈まない」	アーバーダーン大学での講演
	「人間と運命」	公正（正義）論において
	『イスラームにおける婦人の権利の法』	雑誌『Zan-e Ruz』の連載論文
1967	「人類の生活における不思議な援け」	アーバーダーン・ナフト大学での講演
1968	「ヘジャーブ（ヴェール）の問題」	医師のイスラーム集会での講演
	予言者性の封印	『ムハンマドー預言者の封印』所収
1969	『イスラームと西洋における性倫理』	「Maktab-e Islam」所収
	「ウンマの預言者」	『ムハンマドー預言者の封印』所収
	「ヴァラーとヴェラーヤト」	『カリフとヴェラーヤト』初版、所収
	「世界の神と世界」	『イスラームの特徴 Sima-ye Islam』所収
1970	「イスラームとイランの相互的貢献」	技術者のイスラーム集会での講演
	「アリーへの興味と反発」	ホセイニエ・イルシャードでの講演
	「神の公正」	ホセイニエ・イルシャードでの講演
	「学習（al-tahsil）」	註と校正（中止）
	『Shaykh Tusi の al-Hami』	『Hazazeh-ye Shaykh Tusi』所収
1971	『哲学原理と現実的方法』第五巻	註と追加
	『物質主義に至る原因』	Daneshsara-ye 'Ala の学生イスラーム集会（講演）
1974	『Nahj al-Balaghah における旅』	「Maktab-e Islam」所収の教授の論文

1975	「マフディー（救世主）の蜂起と革命」	歴史哲学の観点から論じたもの
	「殉教」	Narmak の金曜モスクでの講演
1976	『論文集』	これまでの出版物、書物所収の教授の論文
	「歴史における人間社会の進化」	シーラーズ大学での講演
1977	『10 の講話』	論文集
1978	「イランとエジプトにおける焚書」	ホセイニエ・イルシャードでの講演
	「神の世界観と物質的世界観」	『タウヒードの視点』所収の論文
	「過去 100 年におけるイスラーム運動」	『物質主義に至る原因』の序言
	「イランにおける物質主義」	サナアティー大学での講演
	「人間と信仰」	『イスラームの世界観』所収
	「タウヒードの世界観」	『イスラームの世界観』所収
	「啓示と予言者性」	『イスラームの世界観』所収
1979	「コーランにおける人間」	『イスラームの世界観』所収
	「永遠の生命と来世の生活」	『イスラームの世界観』所収
	「論理学と哲学」	エライヒヤート大学における教授の講演
	「神智学と神学」	エライヒヤート大学における教授の講演
	「イスラーム革命について」	教授の論文討論集
	「不和について」	タウヒード協会での講演
	「階級的立場に関するイスラームの見解」	『社会と歴史』所収の論文
1980	「社会と歴史」	『イスラームの世界観』所収
	「イスラーム革命に関する話」	『イスラーム革命について』所収の論文
	「経済に関する議論」	教授の経済に関する覚え書き
	「人生の目的」	1972 年における教授の授業
	「聖戦」	1971 年におけるジャヴァードモスクでの講演
	「コーラン入門…ハマド、バカラの章」	教授の一連のコーラン解釈学
	「コーラン入門（コーランを知る）」	1973 年におけるサナーアティー大学での講演
	「法学原理、法学」	エライヒヤート大学での授業
	「哲学論考」	アダビヤート大学およびエライヒヤート大学での授業
	『秘密の散策（Tamashageh-ye Raz）』	ハーフェズに関する教授の覚え書き

テヘランの時代

るイランの都会的状況の中で、イスラームの要求に応じて人生を過ごすためにさまざまな問題を理解し、それと折り合いをつける必要性にも直面したのである。大学の外で行った多くの活動の結果として、彼はこれらの問題を広汎で多様な社会的側面から見ることができた。というのは、彼はもとより伝統的な宗教世界とも接触を保っていたし、引き続き（その世界での）地位を高めていたのである。近代的なイスラーム的イデオロギーはまさにこの伝統的背景によって区別されるのである。

モタッハリーは大学で教鞭を執る傍ら、さまざまなイスラーム関係の集会で講演活動を行った。その活動を通じて、イスラームが今日抱える問題群と新しい時代に対応する方策について人々を啓蒙した。彼は講演の原稿の大半を出版している。一九五三年から七〇年頃までの講演の題目、出版物のタイトルには、直接政治に関わるものがほとんどない。本章の冒頭でも引用したように、モタッハリーの基本的関心は、一つは一般信者の啓蒙活動、他は宗教学者（ウラマー）の内的堕落に対する批判であり、これと表裏する自らの属する階層の改革であった。

彼は「イスラームにおけるイジュティハードの原則」という講演の中で、七代目イマーム・ジャファル・サーデクの言葉に言及しながら、宗教学者の倫理性について次のように述べている。

……一人の宗教学者が肉的な誘惑に抵抗するのと、一般の信者の一人の抵抗には相違があります。なぜなら、各人の誘惑はそれぞれにとって定まった事柄に関わっているからです。若い人に対する誘惑と老人のとは別物であるし、すべての人には地位、階層、年齢に応じてある種の誘惑があります。一人の宗教学者にとっての肉的な誘惑の基準は、たとえば酒を飲むとか飲まないとか、賭博をするとかしないとか、また祈りや断食を放棄するとかしないとか、こういうものではありません。彼の誘惑の基準とは、地位や階層、手に口づけされたいとか、名声、愛情、人々が彼に従っているかどうかという関心、自らの師のために公的資金を用いたり、あるいは、人々あるいは身内の手、特に貴顕の手を公的資金に染めさせるようなことです。

ただ、この時期の活動が表立った反政府批判に当てられず、むしろウラマーの内部改革に向けられていたのには理由があった。第1章で概説したように、五三年にアメリカＣＩＡの介入によるクーデターが敢行され、国王が強力なアメリカの援助を背景に積極的政策を採り始めた時期に当たっている。

この時期に表立って政府批判を行うことはけっして得策ではなかったのである。

シーア派学界では、信者の遵守すべき法的規範の究極の拠り所として「模倣の源泉（マルジャイ・タクリード）」を認定する。各信者は必ず一人の現在生存する宗教学者（高級宗教学者のモジュタヘド）を「模倣の源泉」として認めなければならない。一九世紀半ば以降、シーア派世界全体で唯一最高のマルジャイ・タクリードを認定する慣習ができあがっていた。単一のマルジャイ・タクリードの権威が確立していると、シーア派共同体全体の意思統一が極めて容易となるからである。しかし、前記のボルージェルディーが単一のマルジャイ・タクリードであった頃、現実の宗教学者の権威は相当地に墜ちていたと言われる。実際、一九六一年三月三〇日に彼が没すると、単一のマルジャイ・タクリードは選出されず、集団的体制となった。この時期にモタッハリーが政治的に沈黙を保っていた点を指摘して、彼が「タキーエ組」、すなわち、信仰の危機に際して自らの信仰を隠すことが許されるシーア派の重要な教義（タキーエ）を行使していたとする見解がある。そうかも知れない。ただし、政治活動そのものがモタッハリーの主要関心事であったとは考えにくい面がある。

とはいえ、すでに指摘したように、一九六三年の騒擾に際しては、モタッハリー自身初めての投獄を経験している。ホメイニー師が国外に追放された激動の時期において、彼はテヘランにおり、イスラーム同盟などの活動を通じて運動との関係を維持していた。しかし、反政府運動は強力な権力によって押しつぶされた。国外追放されたホメイニーにとってイラン国内で最も信頼できたのはモタッハリーであったと言われている。事実、一九六八年、ホメイニーはモタッハリーをイラン国内における自らの代理人に任命するファトワー（教令）を発布している。その教令の中で、シーア派に固有な宗教税で、宗教学者が自由に裁量できる「イマームの取り分」と言われる税金の徴収を彼に委託し、その半分を宗教の振興と確立のために用いることを許可している。

このように、ホメイニー追放後のイラン国内の指導を「託された」モタッハリーであるが、一九六一年以降の彼の活動を見ても、相変わらず積極的に政治活動に関わっていた印象はない。やはり、彼にとって最重要の関心は、イスラーム離れした人々、特に若い知識人や学生に対する啓蒙活動であったように見えるのだ。モタッハリーがこのように政治に積極的に関与せず、自ら「手を汚さない」慎重な態度は、とかく彼の対抗者から厳しい批判を受けた。ホメイニーの思想の最も正統な継承者であることを自負するこの人物にとって、主要な関心は、まず現代社会におけるイスラームの正しいあり方、これを哲学的、倫理的、社会的に体系づけ、一般の人々に納得のいく形で解説することであった。モタッハリーの本質はこの点にある。この人物は少なくとも政治指導者ではなく、政治運動を知的に支える参謀、イデオローグの役割を果たすことを本領としていたのであろう。結果的に、このような活動がなければ、革命そのものの理想、理念が喪失する可能性は十分にあったわけである。モタッハリーの評価はこの点にかかっている。一九六三〜六四年の激動期を通して、コムでの反体制運動の苦い経験によるのであろうか、彼はむしろこれまで以上に知識人の啓蒙活動に精力を傾け始めた。その活動の中で最も重要なのが、ホセイニイェ・イルシャードの活動である。

5 ホセイニイェ・イルシャード

新しい時代に対応するために、主として若年の知識人にイスラームの新しい価値を認識させる教育機関として設立されたのがホセイニイェ・イルシャードである。政治活動はいっさいその活動に含まないことを原則とする民間の教育機関であった。この教育機関は、一九六三年テント張りの講義室から始まった。そして、一九六七年の冬、立派な講義室を持つ建物が新しく完成し、六八年一月一四日に慈善組織として登録された。三名の設立者がいたが、同時に三名から構成される理事会が結成され、モタッハリーは副会長であった。ただし、副会長職は要職ではなく、しかもモタッハリーは同機関の設立に果たした役割の低さから、この職にさほどの関心を示したわけではなかった。ただ、教育機関の業務の重要な部分である講演者の選定や出版業務に対しては、並々ならぬ強い関心を示していた。

イルシャード期のモタッハリーが、近代的なテーマ、たとえば婦人問題、性倫理の問題などを扱っている点が注目される。この傾向は、批判的な人々からは、時に大衆迎合主義と揶揄されるが、この批判は的外れである。確かに、周囲からの圧力に応じてこの問題を扱う必要が生じた点は事実であるとしても、おそらく、彼は新しい時代の若者や婦人たちが関心を持つテーマについて、イスラームの立場から何らかの解答を与える必要性、使命感のようなものを感じていたのだろう。ただし、その立場は婦人の社会的役割に対してある程度の理解を示すものの、基本的には男女それぞれの役割分担を大前提として容認するものであった。とはいえ、イランにおけるイスラーム社会論の画期的な一歩であった。

ホセイニイェ・イルシャード講義室

このように、イルシャードでの活動の初期、モタッハリーの関心は伝統墨守、頑迷固陋な宗教学者に対する挑戦、批判を含んでいた。したがって、彼が講演者として選んだ人物には、宗教者ではないが有名な哲学者、扇動家として知られるシャリアティー父子など、極めて近代的教養を備えた人々が含まれている。講演の内容を重視しており、講演者の聖俗の区別に対してはあまりこだわりがないようである。たとえば、息子のアリー・シャリアティーは、後年ホメイニーと並ぶ革命運動のシンボルとまでもてはやされたが、この人物はパリで社会学を専攻し、博士号を取得した世俗的知識人であった。こうして、イルシャード期初期の段階では、モタッハリーは講演者が宗教学者であるという点に必ずしもこだわっておらず、聴衆の関心の度合いが高いテーマに応じて講演者を選ぶ寛容さがあった。

しかし、一九七〇年頃を境にして、ホセイニイェ・イルシャードの経営方針、ならびにアリー・シャリアティーが絶大な人気を背景にした過激な講演を行うようになったこと（モタッハリーによれば、イスラームからの逸脱）などが主因となって、彼は徐々にイルシャードから距離を置くようになる。これに関して、シャリアティーの成功に対する嫉妬を指摘する向きもあるが、本質的な問題ではない。では、なぜモタッハリーはイルシャードの活動と絶縁したのであろうか。

故郷を離れ、宗教を天職としてから、モタッハリーの基本姿勢は生涯あまり変化したとは思われない。時代ごとの関心の推移はあったとしても、コム時代、テヘラン初期、ホセイニイェ・イルシャード期と一貫して倫理的関心が強かった。首都に移ってから本格的に執筆、講演活動を行う中で、テーマの中心は、やはり常に信仰、倫理である。もちろん、これらは宗教思想、哲学思想の最基底の問題であるから、これらに重点を置くことはけだし当然である。ただ、イルシャード期が終わるまで、彼は積極的に政治的（反体制運動はもとより反イスラーム的グループに対するものも含めて）内容の著作をほとんど著していない。すでに述べたように、彼は二五歳前後の段階で、西洋の唯物主義に関する学習をかなりの熱意を持って行っていた。さらに、コム時代には、タバータバーイーの下で西洋哲学批判研究をした。しかし、それらは基本的には哲学、思想レベルの問題であって、政治的過激さは見いだせないのである。

ところが、一九七〇年代からは、従来見られた非ウラマー（つまり、世俗的論者）による自由主義的講演に対する寛容さは希薄となる。たとえば、アリー・シャリアティーの代表的講演『イスラーム学』について、モタッハリーは厳しい批判を行った。この作品は散文の形をとったイスラーム詩人の作品であって、美しく描かれてはいるものの、その大半は社会主義、共産主義、史的唯物論、実存主義に関するものである、というのである。この書物の最大の欠点は、イスラームの問題を検証するのに、コーラン、伝承を正当に用いていない点であるとする。また、イスラームでは神が目的そのもの、存在の根源であるのに、世界そのものに目的性と運動、進化を認めるなど、逸脱が著しい、と指摘している。同時に、ツーデ党をはじめとする共産主義、西洋の唯物主義などの反宗教勢力に対する批判の度合いが激しさを増したのだが、この点については第5章で解説する。

モタッハリーにとって、ホセイニイェ・イルシャードでの収穫は、ここで定期的に行った講演を通じて、自らの拠って立つ立場を一層明確にできた点であり、さらに具体的には、出版物の形でより広汎な読者層に自らの思索の成果を示すことができた点である。他方、ウラマー階層の中で近代主義的な視点から内部改革を目指してきたが、その過程で世俗的知識人の「逸脱」を直接体験することになった。

本章の冒頭で引用したモタッハリーの言葉は、一面で師ホメイニーの主張の敷衍であり、同時に彼自身の思索の到達点でもあった。すなわち、真正のイスラームは必ず守られねばならないし、それは真正な宗教学者によってのみなされねばならないのであった。

6 革命そして暗殺

七九年の革命の経緯はすでに解説した。これに先立ち、ホセイニイェ・イルシャードを去ってからも、モタッハリーが積極的に反政府運動の前面に現れることはない。いやむしろ、七二〜七五年頃のイランは、石油収入を背景にした異常とも言える好景気の中で、パハラヴィー王朝が飴鞭を相互に用いて反体制運動を取り込むことができた時期であった。すでに述べた通り、この石油ブームが体制の命取りになったのであるが、少なくとも一時的に経済問題は「解消」されたため、反体制運動の存在根拠が失われた。一部王族や直属の臣下が莫大な利益を享受したとはいっても、一般の人々もそれなりの恩恵を受けることができたからである。

だが、モタッハリーはこの間も国外追放中のホメイニーと密に連絡を保っていた。その一方で、イルシャードを去ってからの彼は、これまで同様指導的ウラマーの倫理の重要性、一般信者に対するイスラーム教育の必要性などに関する講演や著述に加えて、よりあからさまに唯物主義（社会主義や共産主義のみならず、西洋の無神論一般）批判を展開し始める。この批判は、唯物主義全般に対する思想的なものであると同時に、西洋列強の「操り人形」であるパハラヴィー王朝支配者の批判をも含蓄するものであった。さらに、唯物主義の危険性に対する警告は、国内の社会主義、共産主義的政治活動グループ（ツーデ党など）、に対しても向けられた。確かに、ホメイニーは、反体制運動を成功させるために極限まで左翼勢力の力を利用する戦略をとっていた。しかし、ホメイニーもその直弟子も共に、たとえばモジャーヘディーネ・ハルク（人民聖戦団）のようなグループの危険性を早期から認識していたのである。

このように、七九年の革命が宗教革命であるための思想的裏づけは、主としてモタッハリーとその支持者たちによってなされていたと言える。彼自身ほぼ一貫して政治の表舞台に登場して指揮権を行使することがなかったため、自らはけっして手を汚さない人物であると批判を受けたことはすでに紹介した。これはモタッハリーが政治活動家に分類される人物ではなく、その本質においてあくまで思想家であることによる。誠実に師の教えを継承し、敷衍しながら、それを世俗的知識人、さらには一般信者に伝えていく役割を果たした。彼はイルシャード離脱後も、執筆活動は言うまでもなく、エライヒヤート大学、ジャヴァード・モスクなどで精力的に講演活動を行っていたのである。

「石油ブーム」後数年を経ずして、イラン経済は急激に破綻し、徐々に革命的雰囲気が醸成された。そのさなかの一九七六年、モタッハリーはイラクのナジャフに留まっていたホメイニーを訪れて、指示を仰いだ。ついにホメイニーは、パハラヴィー王朝打倒の革命運動に「行け」の指示を出した。そ

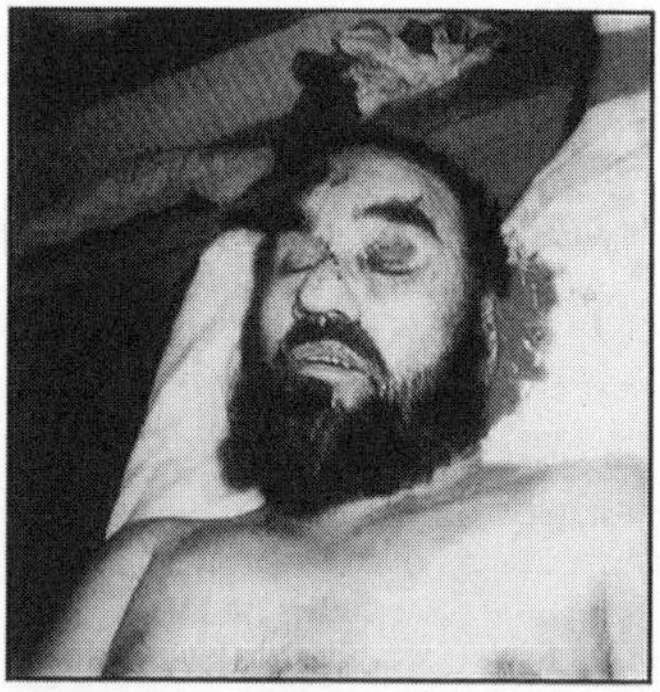
暗殺

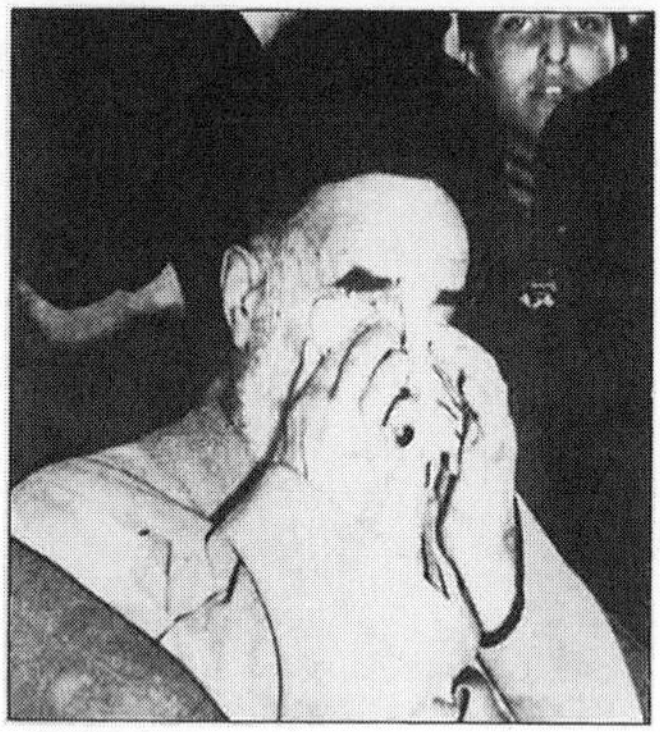
師の涙

の翌年、モタッハリーは公権力によって公の場での説教を禁じられたが、革命が本格化する七八年には、押しも押されもせぬ革命指導者の一人として認められていた。同年末、クライマックスが訪れた。イラクを追われ、フランスのパリ近郊、ノーフル・シャトーに移っていたホメイニーと会見を行い、運動の最終的詰めに関する協議を行ったのである。

一九七九年二月一日、ホメイニーは一五年に及ぶ逃亡生活の末、イランに帰還した。宗教学者が国政を全面的に担うという現代世界史上例を見ない「宗教革命」であった。

革命後、モタッハリーは革命評議会の一員として国政の運営に枢要な役割を果たすことになる。しかし、ホメイニーの帰還から約三ヵ月後の五月一日、とある集会に出席するために出かけたモタッハリーは、敵対者の凶弾に倒れた。フォルカーンというグループの一員による犯行だと言われる。

革命の立役者の一人が一瞬にしてこの世を去った。彼の葬儀に参列したホメイニーは号泣したという。これは普段めったに感情の起伏をあらわにしない老学者の弟子に対する愛情の深さを伝えるエピソードとして知られている。彼は愛弟子の暗殺後、一周忌に次の書簡を寄せた。

私が今、彼について申し上げたいことは、彼がイスラームと知識のために価値ある奉仕をしたことであり、非常に嘆かわしく思うのは、犯罪者の手によってこの実り豊かな樹木が知識とイスラームの領域から奪われて、すべての人々がその価値ある果実から切断されてしまったことです。モタッハリーは私にとって愛しい子供であり、宗教と知識の領域にとっては堅固な保証、国家にとっては価値ある奉仕者でした。神は彼を慈しまれ、イスラームの偉大なる奉仕者たちの近くに位置を占めさせ給うでありましょう。

モタッハリーの亡骸は、コムのファーテメ廟に埋葬された。五九歳であった。

第3章　神の公正とは何か
――イスラームの神義論

時代は思想を造る。どれほど普遍性を内に秘めた思想、哲学であっても、その背後には形成された時代の社会、経済、政治的条件が看取される。観念の世界の産物としてのみ思想があるのではなく、程度の差こそあれ、それは時代の要請に応じて形成される。このように述べることは、無論、時代の物質的条件が思想形成の全体を決定するという意味ではない。それどころか、いったん形造られた思想は、逆に時代の物質的条件に反映され、新たな社会、政治、経済的条件を醸成するのに効力を発揮することがしばしばある。したがって、両者の重要性の順序が大切なのではなく、相互依存の関係こそが重要なのである。

モルタザー・モタッハリーの思想も同様の枠組みの中で考察されねばならない。彼の思想活動は、イスラームの伝統的思想を基礎としながら、一九六〇〜七〇年代のイランという特殊な歴史空間の中で行われた。そして、その思想は、七九年の革命のエートスを形成するのに少なからぬ影響を持つことになった。

彼は膨大な著作と精力的な講演活動で知られたが、彼の作品には一貫したテーマがあった。すなわち、(一) 西洋の唯物主義(特に無神論)批判、(二) イスラーム的世界観(価値観)の提示である。両者はモタッハリーの思想の表裏をなすものであり、本来別個ではなく、一対として相互補完的に検討されるべきである。

西洋の唯物主義批判は、前章で見た通り、モタッハリーの思想形成の始発点とも言うべきものである。本章では、第二の問題、イスラーム的世界観について論じる。

本章では、イスラーム的世界観(特に一二イマーム派シーア主義の世界観)の最基底を形成する公正(正義＝アドル)の概念、特に「神の公正(正義)」の問題に焦点を当てる。その理由は、シーア派信仰の五原則(①神の唯一性(タウヒード)、②公正(正義)、③預言者、④イマーム、⑤復活)に公正が含まれていることは周知の事実であり、シーア派神学の文脈で「公正」という場合、通常、「神の公正」を意味し、一般的意味での公正や社会的公正とは区別して用いられるからである。すなわち、自らの帰依する宗教の神が公正であり正義の神であることを証明することが先決であり、シーア派の世界観は、根底にこの「神の公正」を据えて初めて明瞭に理解されるのである。

1　公正（正義、アドル）とは何か

公正（アドル）は神の属性の一つとして、イスラームの信仰を理解する上で不可欠な用語の一つである。特にシーア派では、宗教の原則の一つであり、イマームと共に最も重要な概念である。シーア派で公正が格別に重要性を持つ背景には、人間の自由（意志）、選択（権）の問題があった。人間が理性に基づき自由意志と選択権を行使することによって、初めて現世における責任、来世における公正なる報償、処罰（審判）などを正当に理解することができる。もし、人間に自由意志も選択権もなく、神の意志や自然的諸力に対して打つ手なく、服従するばかりであるなら、もはや責任、報償、処罰は意味をなさない、と考えられた。逆に、人間の責任ある行為に対する神の公正なる審判は、人間の自由意志と選択権を前提として意味をなすのである。

この議論は、イスラームの歴史の最初期、七～八世紀に生まれたジャブル派、カダル派の対立に端を発する。その後、九世紀以降、ムウタズィラ派神学とアシュアリー派神学の対立抗争へと発展し、最終的に多数派が後者を支持するに至った。結局、両者の対立は、人間に理性の自立をどの程度まで認めるかにあった。理性に一定の自立性を容認することは、シーア派における神の公正をめぐる議論において、枢要な位置を占めている。現実に人間が体験する出来事を単に運命として甘受するのではなく、極力理性を用いて均衡のとれた立場を見いだそうとする姿勢である。

以上の議論は公正に関する議論と深く関わっていた。公正の意義は、極力理性的に解釈される必要があった。公正がシーア派においてことさらに重要視されるのは、ムスリムのあらゆる思想、行為に至るまで、公正の問題に関わっていると考えられてきたからであり、さらにコーランにおいても公正の重要性が繰り返し述べられているためである（例、五七章「鉄」二五）。

現実の社会における神の公正（正義）は、よりよい社会の実現、法改革の実施、道徳の向上、新しい価値を作り出す過程における究極的な目標である。しかし、これらの問題に対処する前提として、まず神の公正が証明されることが必須の事項であった。なぜなら、いかに神の公正に基礎を置く社会、法律、人間の改革を企てたとしても、大多数の者が神は不正であると考える環境のもとでは、そのような企ては何ら意味をなさないからである。このような神の正義を明らかにする議論を神義論という。

具体的にモタッハリーによる神の公正論を紹介、分析する前に、ここで彼の著作『神の公正』の中で用いられている公正の定義について、簡単に記しておこう。特に重要なのは、

（1）均衡がとれていること。公正の表す意味の一つは均衡（または中庸、バランス）である。すべてのものは機械的な平等の力によってではなく、必然の力によって存在していなくてはならない。経済、政治、法律、教育などの分野の権力は人々の間で分割され、必要に応じてふさわし

い人材が登用される。社会的な均衡のために要求されるのは、必要に応じて財源、権力が用いられることであり、その結果が共同体の福利（マスラハ）となる。全体の福利とは、全体の利益を考慮に入れた目標を永続させる福利であって、目標達成のためには部分（個人の利害）は手段となる。

（2）公正の第二の意味は平等であり、あらゆる種類の差別の否定である。ただ、公正は単純な平等ではない。すべての者にすべてのものを等しく与えるとすれば、そのような平等はむしろ悪である。平等に与えられることが公正ならば、平等に与えないことも公正であることになる。

（3）さらに、公正は人々の権利をその権利の所有者各人に与えることであり、不正とは他人の権利を蹂躙することである。

（4）公正の最後の意味は、存在するもの（被造物）に対して、可能な限りにおいて物惜しみせず恵みを与えることである。人間には一見さまざまな能力があるが、それぞれの能力、資質の範囲に応じて過不足なく与えることである。

これら四つの項目を念頭に置きながら、神の公正（正義）の問題を考えてみよう。

第1章で概略を述べたように、一九五〇～五六年代にかけて、イラン社会は欧米諸国との関係、さらに国内的にもさまざまな問題を抱えていた。イラン人は横行する社会・経済的不正に深刻な疑問を感じていたのである。この不正はその他の自然的害悪の存在と共に、多感な青年や知識人とっては格別に不条理なものと感じられた。

彼らの疑問とは、次のようなものである。はたして、この世界に秩序は存在するのか。もしあるのなら、それはどのような秩序なのか。現実の世界には進んだ国と遅れた国の差違や、人種差別、貧富の差、能力の差、醜美の差、疫病、戦争、天災、飢饉など、数知れぬ悪、苦悩、偏見、差別が存在している。これらを生み出す源泉は何なのだろうか。少なくとも神ではないだろう。神が公正な創造者であるならば、このような差別的状況を作り出すはずがない。そもそも、なぜ事物は存在し、無（死）に至るのか。存在すること自体が悪ではないのか。上述のような悪、差別の存在こそ、神の不在、ならびにこの世が不正であることの左証ではないのか。

健全な懐疑は安逸な平穏より優れる。重要な点は、この懐疑が人々を健全なる探求へと導くかである。イラン社会の現状を憂いながらモタッハリーは言う。この国では、これらの問題群に対する解答が西洋の哲学思想に求められている。西洋のものであれば、どのようなものであれ受容されるのはどうしたことであろうか、と彼は問いかける。第4章、第5章で詳しく述べるように、モタッハリーによれば、西洋の哲学は二元論や唯物主義（無神論）、厭世主義であって、イランが抱える問題に対してけっして納得のいく解答を与えていないし、その力もない。なぜなら、ヨーロッパの思想、哲学は基本的に唯物論であるため、現世的な事物の範囲内でしか問題を処理できないからである。これに対して、イスラームのような有神哲学では、神の公正の問題（神義論）を回避せず、これに解答を与えようとする。

このように、有神論哲学の立場が表明された。以下、神の公正の意味を理解するために、まず人間の実存に不可避的に伴う差別と相違の問題をめぐって、モタッハリーの思索の後を追っていこう。

2 存在の秩序――差別と相違

社会に厳存する差別的現実は容易に批判の対象となる。批判者の言い分によると、すべての存在は真理の本質（＝神）との関係において平等でなければならない。しかるに、現実には皮膚の色、醜美、完全と欠陥、天使と動物などの差違がある。さらに、人間のみが神の賞罰の対象となり、他の動物はそうではないのはなぜか。

この批判に対するモタッハリーの返答は次の通りである。神は自足し、知者、完全、公正にして恵み深い存在である。われわれの目には理解しがたい面があっても、差別の現実の中にむしろ神の智慧と福利がある。われわれは「運命の秘密」について無知なだけである。人間の理性は困惑させられることはあっても、それは単に人間の認識能力に欠陥があるからに過ぎない。神の働きを感覚的な被造物が生活する現象世界からの類推によって理解する限り、神の智慧、福利の意味を理解することはできない。因果関係における原因と結果は、人間の目で見れば重要であるが、神の目から見ると単なる儀礼的手続き以上のものではない、というのである。この点は次章において、詳しく解説する。

簡単に言えば、すべての事物に対する神の意志は、その事物の原因を存在させる意志によってのみ実現する。その原因を存在させる意志は、原因の原因を存在させる意志によってのみ実現する。これ以外は不可能である。そして、すべての存在するものは、最終的に直接神の意志に到達する。神の智慧とは、事物をその存在の目的および完成へと至らせることである。このようにして、すべて存在するものには、神の存在の本質的性格が流出して、徐々に下位の存在へと投影され、伝えられることになった（流出論）。その結果、人間の中にも神の性質が含まれている、という。

以上の観点から世界を眺めると、社会に蔓延する差別や悪ですら、その起源をたどれば真理の本質（神）に源を発するわけであるから、純粋な意味で悪ではなくなってしまう。ここには、善悪二元論的な意味での悪は存在しない。そうではなく、われわれの住む世界は、善悪が渾然一体となった不変の秩序である。つまり、われわれの感覚世界（現象界、社会）で観察できるのは、「差別」ではなく、「相違」に過ぎない。差別というのは、与える者の立場から、条件と権利が等しい状況下において違いを設定することである。他方、相違とは、条件が相異なる状況下で（たとえば、能力）、違いを設けることである。

むしろ、存在するものの間に相違があるのは当然であり、因果の秩序の必然的条件である。神は存在するものに相違を設け、その相違を考慮しながら、各人が権利を主張できる事柄について、それぞれふさわしい方法で恵みを授ける。これが神の秩序である。そして、神のこの秩序は変わることはない（「天使」四三）

そうであるならば、人間は現実の悪を善に変えることができるのか。ここでモタッハリーは、有名な「雷鳴」の章、第一一節（「アッラーは人間の方で自分の状態を変えない限り、けっしてある民族の状態を変えたりなさらない」）を引用しながら、神は自らの法を変更することはないのだから、したがって、人間は自身を変えなければならず、特に倫理、道徳的荒廃に関して、自己改造が必要であると述べている。次節で解説するように、人間の自己改造などの視点が生まれる前提として、モタッハリーが悪そのものの意味を絶対視しないで、相対的なものと捉えている点に留意する必要がある。

それでは、以上の存在の秩序、差別と相違についての議論に基づけば、現実の社会に蔓延する具体的な諸悪はどのように解釈できるのであろうか。次にこの点を検討してみたい。

3 悪

善悪の問題は、イスラーム史の初期段階において、神学的論争の根本的な原因の一つであった。なぜ悪が栄え、善は無力なのか。悪人が支配し、善人が不遇に甘んじなければならないのはなぜか。悪人は死後天国に入れるのか。このような疑問は、信者にとって放置できない切実な問題であった。さらに、無神論者にとっては神の存在を否定する格好の根拠を提供した。

善悪の起源に関しては、古代イランの二元論などがあった。しかし、モタッハリーは言う。確かに二元論を用いて現象世界はそれなりにうまく説明できたとしても、善悪の領域を分化することによって、逆に神の公正の意義が希薄になる。それ以上に、イスラームの根本原理である神の唯一性（タウヒード）と相容れないとして、二元論を排除する。

イスラームのように神の唯一性を強調する立場から言えば、神はすべての存在の根源であり、際限のない慈しみ、成熟した智慧の所有者である。その全能の力のゆえに、神の業に変更が入り込む余地はない。悪魔や誘惑をも含めて、一見悪に見えるものであっても、すべてのものは存在の根拠を神に求めている。

この考えに従う限り、世界に悪はない。悪とは善のない状態、すなわち一種の空隙である。そして、この空隙を埋めるのが人間の義務である。神の公正および成熟した智慧の立場に拠れば、善と悪は不可分に結びつき、一体となって存在する。現象的な悪としては、貧困や無能、無知のようなグループに属するものと、他方、疫病、洪水、地震、戦争といった別の範疇に属する悪もある。人間はこれらの悪と戦わねばならない。そのためには、後者の諸悪が増大しないように前者の現象的な悪の空隙を埋めることが肝要である。貧困や無知、無能をなくすことによって、疫病、戦争などの被害は少なくてすむからである。同様のことは倫理についても当てはまる。不正（ゾルム）は悪であり、公正（アドル）が欠如した真空状態である。なぜなら、不正を受けた者の本来所有する権利が蹂躙されたからである。したがって、この不正の空隙を埋めなくてはならない。

実のところ、世界にはただ一つの存在しかない。それは善である。悪は非存在（無）であって、無は創造されもしないし、それ自身創造行為も行わない。存在と非存在は、ちょうど太陽（光）と陰のようなものである。試みに日時計を日光の中に設置すると陰ができる。陰とは暗さ（闇）のことである。光が太陽から放射されるという言い方はあっても、陰がどこかから放射されるとか、暗さの中心は何であるか問われることはない。つまり、陰や暗さは自ら放射しないのであり、独立した源や中心を持たない。悪とは本質的存在として造られたものではなく、従属的、かつその存在自体危ういものなのである。

言い換えれば、悪は相対的である。大は小との関係によって認識されるように、何を基準にするかによって判断も異なってくる。たとえば、「福利」と「自由」について考えてみよう。個人の福利と社会の福利を比較すれば、社会の福利が優先される。個人の自由は可能な限り裁量されるが、すべての人々の自由を十分に満足させることは百パーセント不可能である。最大多数の人々が最大限満足できるように法律が制定されるのである。このように、福利や自由は、観点を変えることによって意味が相対的に変化する。イスラームでは、このような公益性（マスラハ）は極めて重要である。

同様に、自然界に存在するものは、悪も含めてすべて相対的である。蛇の毒は蛇にとっては無害であるが、動物や人間にとっては有害である。狼は羊や狼の害を蒙るその他の動物にとっては有害であるが、草にとっては有害ではない。一方、羊は草を食い尽くす点では悪であるが、人間や狼にとっては悪ではない。しかし、このような相対的存在は真の存在ではない。したがって、悪についても、絶対的な悪は存在しえず、それは上辺だけそのように見えるに過ぎない。無なのである。

以上が悪に関するモタッハリーの解釈である。だが、悪が相対的であり、無であることを主張するだけでは神の公正を証明したことにはならない。引き続き、彼は公正を次の二つの観点から論じる。

① さまざまな欠点（盲目、不具、醜など）は、この世界から切り離して論じるべきなのか。それとも、この世界と不可分なのか。

② さまざまな欠陥は、悪そのものなのか。それとも、これらには何らかの利点があるのか。

この二つの問いに対するモタッハリーの解答は、欠点や欠陥などの「悪」にむしろ積極的な意味を見いだそうとするものである。彼は、悪がこの世界と不可分であり、悪には人間の実存にとって必要不可欠な存在意義があるという。次にこの点を検討してみよう。

4 悪の価値

一般に悪は忌避されるべきものである。しかし、悪がなければどうなるかについてはあまり考慮されない。モタッハリーによれば、悪のない世界は世界でないに等しい。悪は善から切り離すことができず、両者は相互補完の関係にある。

確かに、現実に善と悪が混在することは何人も認めざるをえない。だが、なぜ悪が必要なのだろうか。この疑問に対する答えは次の通りである。たとえば、醜悪なものは世界という集合体の一部である。全体的な秩序は、それらの悪の存在と結びついているばかりではなく、秀麗なものを明らかにするために醜悪なものの存在が必要とされる。世界に醜悪なものが存在しなければ、秀麗なものも存在しない。逆に、すべて世界に存在するものが同一であったならば、世界はもっとよくなるであろうという考えがある。公正や智慧が要求するのは、すべての事物の同等であることだ、というのである。

しかしながら、この考えは誤りである。なぜなら、現実がそのようであれば、醜美、善悪、高低、大小などすべてが存在しなくなるからである。モタッハリーは、さらに、もしムアーウィヤ（ウマイヤ朝［六六一～七五〇］初代のカリフ）がいなければ、初代イマーム・アリー・b・アビー・ターレブがあれほどの光栄と真正さを享受することはなかった、とさえ述べている。つまり、悪役の代表であるムアーウィヤがシーア派を代表するアリーに対する非道な行為を繰り返したために、アリーの正義、公正さが一層際だって現れることになった、というのである。ちなみに、七九年の革命においても、パハラヴィー王朝はウマイヤ朝に対比され、国王はムアーウィヤに譬えられた。

既述の通り、世界の秩序には一つの一貫した秩序を必要とする。神はすべての存在に対して、それ相応の完全性と美しさを与えた。無論、ある人が醜く生まれたのは他の人を輝かせるためではない。そうではなく、すべての存在は、それ自体で可能な限りの美しさを持つと考えられる。その一方で、すべての良き資質は、世界に厳存する相違によることを知るべきであり、一つの大きな神の秩序を実現するために存在する、というのである。

神の創造世界において、被造物に定められた位置を変更することは不可能である。神が甲に対してあるものを与え、乙には与えないことはありうる。むしろ、重要な点は、すべての被造物が自ら独自の固有な被造物としての性格を持つことであって、神が与えたのはこの独自性なのである。問題は、部分（現象の一部）のみを見ることである。世界の創造においては、全体の真正さ、バランスが考慮されていることを忘れてはならない。したがって、社会においても、個々の権利と全体の福利の双方がバランス良く斟酌されていなければならないのである。これが公正（アドル）、すなわち均衡（バランス）である。

加えて、悪の問題を考察する場合、相違の必要性ばかりを強調すると誤りを犯す。悪の問題は必要性だけではけっして理解できない。同時に、悪の中に「利益」「福利」「智慧」をも見いださねばならない。

では悪の利益とは何か。第一点は倫理的価値である。悪や醜は、世界に善や美のあることを明らかにするために必要であった。コーランでは、善悪、醜美は相前後して生じるのではなく、それらは同時に共存している、とする。不幸や欠陥や苦難は、人間が完成へと向かう前提であり、この過程において必須の事項である。神は人間を強化するために災難を与える。また、神は人間を愛すればこそ、彼らを災厄の中に投げ入れる。自らの運命をあるがままに受け入れ、しかもその災厄から逃避するのではなく、これと毅然と対決する姿勢が肝要である、というのである。たとえば、貧困は絶対的な不幸ではないし、富裕も絶対的な幸運というわけではない。恵みと災いは相対的なものであって、一時の神の懲罰は、かえって回復への起爆剤となる。しかしながら、懲罰が遅れるとかえって取り返しのつかない真の懲罰になるかも知れない。

ここで、モタッハリーは、現代イランを代表する作家サーデク・ヘダーヤト（一九〇三〜五一）を

サーデク・ヘダーヤト

例に挙げて説明する。ヘダーヤトは世界の醜悪な面しか眺めず、厭世的にしか思考できなかった。裕福な名門の家庭に生まれたが、均衡と調和のとれた思考ができなかったのである。その最大の理由は無信仰である。神からの真の贈り物の快い味を経験しなかった点にある、という。その結末は自殺以外になかった。

モタッハリーの以上の議論は、一九五〇〜六〇年代にかけてイラン人知識人の間で無信仰が増大し、かといって西洋の唯物主義にも安息の場を見いだすことのできない全般的苦悩の状況を反映していることは、まず疑いない。アイデンティティー・クライシスである。この時代のイラン文学の担い手が、実存の苦悩の重みに耐えることのできる強靱な抵抗力を持たず、軟弱な体質を露呈した点を厳しく批判する。そして、イスラーム信仰への復帰によって、真に充足した積極的な人生を送る契機を提供しようとするのである。

世界に悪や醜が厳存することのもたらすもう一つの利益は、哲学的なものである。つまり、世界は相対立する要素によって構成されており、その対立によって世界は色彩に富み、多様性を生じる。世界は不断の変化と様相に満ちあふれる弁証法的存在である。この考え方は、躍動的な世界観を提示する。モタッハリーは言う。イスラームでは、ヨーロッパ人が弁証法を体系づける一九世紀以前に、神智学（イルファーン）においてすでにこの考え方が知られていた。しかも、ギリシア哲学がイスラーム世界に導入される前からこれに気づいていた。弁証法的な思考法を採用することによって、旧来のように消極的に世界を分析する態度から、積極的な意味の世界に関与する姿勢へと変貌を遂げることができる、という。

ここで注目すべきは、弁証法はヨーロッパ（古代ギリシアを含めて）からの借り物ではなく、イスラーム独自の考え方であると、モタッハリーが主張している点である。さらに、西洋思想の最大の欠点は、すべての認識をこの法（弁証法）に従属させようとしたり、そうすることが論理的であると疑わない態度であるという。モタッハリーのこの態度は、中東近・現代史上の舞台に登場した思想家には多かれ少なかれ共通してみられる傾向である。ただ、私見では、彼の西洋近代思想に関する理解はその深さと正確さにおいて、一段抜きん出ているように思う。彼は、通常の保守的な宗教学者のように、一方的に西洋起源の文物を有無を言わせずに拒否する態度をとらない。彼の著作が多数の若い世代の知識人に受け入れられたのは、このためである。

以上の議論を要約すれば、まず、人間の知は現象世界における理性的（合理的）目的のために最良の手段を選択する方法ではあるが、もとより限界がある。これに対して、神の智は完全に自足的であり、神の創造の目的、理由を人間の尺度で測定することはできない、ということである。

しかるに、次章以下明らかにするように、この点は近代西洋の思考法と決定的に異なるところである。一般に、西洋の近代が歴史の画期とされるのは、デカルト以来、人間が人間の状況を決定する、いわば「軸」となり、すべてがこれを中心に回転すると考えられるようになった点である。その結果誕生した、「近代的個」が最大の特徴である。

第二に、神の智には秩序がある。世界に存在するものの現在ある姿には、異なった相、位置、段階があり、一見平等の原則が貫かれておらず、差別が存在するように見える。しかし、これはあくまで相違であって、差別ではない。人間は神によって創造されたすでにある事物を寄せ集めることしかできないのに対して、神は万物を造る行為者である。神が創造した存在の秩序にあっては、悪や欠陥、醜、さらに個々の人間の利権など、部分的な事例によってではなく、全体として世界の利益になるかどうかを考慮に入れる必要がある。世界を分節化し、分解して理解することは誤りなのである。これは、西洋人が近代に至ってあらゆる現象を社会、経済、政治など別々の分野に組織的に分類する習慣に陥ったことに対する批判である。

5 死の問題

仏教で言う四苦（生老病死）はすべての人間に平等に襲いかかる。中でも死の恐怖は、人間を最も苦しめ苛んできた。したがって、死は悪の中で最も人間を苦しめるものであると考えられる。おそらく、死を恐れるのは人間だけであり、死＝無に至るのを恐れるのは、その背後に永遠の生命に対する強い願望があるからであろう。では、神の公正の立場から死はどのように理解できるのであろうか。現実の諸悪に積極的な意義を見いだす試みの実例として、最後にこの問題を扱うことにする。

人間にとって究極の難題である死を、モタッハリーは次のように解釈する。まず、死に対する恐怖が発生する最大の原因は、これを無であると考えることである。確かに、死は無（生命がなくなるという意味で）であるとしても、それは相対的な意味での無に過ぎない。むしろ、死は一つの状態から別の状態への移行である。そして、その移行には積極的な意義がある。

たとえば、この世は母親の膣のようなものであり、人間はそこにいる胎児である。胎児はへその緒を通じて栄養分や酸素を母親から受けるが、まだ肺呼吸による大気からの直接的酸素の摂取を行っていない。膣内の生は、来るべき生（来世）に備えてさまざまな器官が準備される期間である。膣外に出たとたん、これまでとはまったく異なる新しい生の段階が始まる。同様に、死は人間として生の終焉であり、生の新たな段階の開始なのである。モタッハリーは、セルジューク朝トルコが支配する時代の著名なペルシアの詩人オマル・ハイヤーム（一〇四〇〜一一二三）のような唯物思想の持ち主に厳しい。

立て、しかして過ぎゆく世界の嘆きを味わうことがないように、
座して、一時の過ぎゆく喜悦を味わいなさい、
世の理《ことわり》に忠義があったとしても、
他者から、汝に救いは来ないだろう

モタッハリーは、上記のハイヤームの言葉に対して言う。もし、人間が一人で生きているのであれば、ハイヤームのように移ろいゆく世界を無責任に語ることも許されよう。しかし、来るべき世代の人々のことを考慮すれば、無責任であってはならない。まさに、

生命の珠玉、母なる貝の中にて形を作るとき、
生命の水にて、人の姿が形造られる、
宝玉の完成するとき、母なる貝の割れるとき、

つまり、母なる真珠貝の中で成熟した真珠は、貝が割れた瞬間に高貴なものとして現出する。貝が割れなければ（死ななければ）、真珠は生まれない。このように今の私の（人間としての）生は、死ぬことによって未来永劫へと連鎖してゆく。このように理解された死は、一般に考えられるように否定的な悪ではなく、次世代へと連結する積極的な意義を持つようになるのである。

6 結　語

本章においては、シーア派イスラームの世界観の根幹とも言える「神の公正」の問題を取り扱った。この問題は、モタッハリーの思想においても根本をなしており、彼の膨大な著作に盛られた社会、倫理に関する議論のまさに出発点であったと言ってよい。神が公正（正義）でなければ、そのような神をいくら思想の根拠にしても無意味だからである。

ところで、独創的な思想とは過去に存在しなかったまったく斬新なものを指すのであろうか。もしこの意味で「独創性」という言葉を用いるのであれば、モタッハリーの思想に優れた独創性はない。

ただ、同時にこの意味で独創的な思想家と呼びうる人物が、古今東西はたして幾人いたであろうかと問い質す必要がある。

ここで強調しなければならない点は、彼がイスラーム哲学、神智学の伝統を十分にふまえた上で、その伝統に属する概念装置、認識方法、存在論的証明を自らが生きた一九六〇〜七〇年代のイランの状況を理解する手段として用いたことである。

また、彼は現代人の抱える問題群を、平易で巧みな比喩を用いながら解説するのに長じていた。しかも、伝統的イスラームの概念装置に加え、近代西洋思想を知悉していた点は、その議論の強みであり、魅力でもあった。

モタッハリーの思想活動の重点は、社会から逃避し、人里離れた庵で思惟するところに置かれていなかった。むしろ、彼の思想、文筆活動は、あくまで現実の歴史における、社会、倫理的関心に支えられている。すなわち、一九五〇年代以降、欧米の文物が奔流のごとく流入する中で、唯物主義の流行をもたらした結果、イスラームは相対的低調期を迎えており、疎外状況にあるイラン人、特に若年層にいかにして本来のイスラーム的価値と信者の社会的紐帯を回復させるか、という焦眉の問題があったのである。

この問題は、まさに現代的で特殊であった。西洋の唯物論、合理主義に依拠せず、極力伝統的（シーア派的）イスラーム思想体系の枠内で解決策を模索する点に、モタッハリーの特異性を見いだすことができる。この意味で、彼の思想は時代の産物であった、といえるのである。われわれが七九年の革命を理解する助けとして、この人物を通じて行う根拠はここにある。

このように、神は厳然と存在し、公正（正義）であることを述べることによって、議論の基礎が据えられた。以下の章では、これに基づきながら、西洋の唯物主義、社会主義、無神論、をモタッハリーがどのように捉えていたか、具体的に検討しよう。

第4章……近代西洋唯物主義批判
――無神論との対決

途上国の近代化とは西洋化であった。「模倣」であれ、「改良」であれ、それは西洋化であった。イギリスをはじめとするヨーロッパ諸国、後にはアメリカ合衆国の卓越した先進技術、制度をどのように効率的に摂取し、自国の社会・経済的基盤を強化するかは、近・現代史上、途上国にとって最大の関心事であった。

西洋の技術、社会・経済制度を採用することは、必然的にその背後にある思想、哲学的遺産をもたらす。ある国の技術、社会・経済制度の発展と思想形成の間には不可分の関係があって、技術の進歩によって醸成された社会・経済的発展の過程で、思想はこれに影響を蒙りながら、同時に知的にこの過程を解釈し、これに整合性を与える。このように、思想は新たな技術的、社会・経済的発展へと向から知的雰囲気（エートス）を創り出す。この関係を知れば、外来の物質文化の導入によって、遅かれ早かれ自国の精神文化にも変容を来すことは必然の理である。したがって、たとえば、明治時代の日本人が唱道した「和魂洋才」とは、実現が極めて困難な理想であった。

イランにおいても、「西洋の衝撃」は一九世紀以降、徐々に感じられた。この国は、イギリス、ロシア、フランスなどの中東地域における覇権争いの主要な舞台の一つであった。特に二〇世紀以降、自由主義、民主主義、共和主義、社会主義、共産主義、無神論など、さまざまな西洋の思想が流入し、多くのイラン人、なかんずく若い世代の人々の心を捉えた。問題は、西洋の思想的伝統が何の軋轢もなく受容されることは通常まれであり、土着の価値体系との間に何らかの葛藤が生まれる点である。

中東の一国、イランにおける伝統的価値体系の基盤の一つはイスラームである。厳密には一九世紀の初めから、さらに今世紀入って以来、一層強度を増しながら、先進西洋資本主義諸国とイスラーム諸国の接触は、さまざまな様相を示しながら、しかしほぼ一方的に前者の優位のうちに継続された。この情勢は、伝統的価値の体系に影響を与えずにはいなかった。そして、この状況が極点に達した事件が第1章で略述した一九七九年のイスラーム革命であった。

この革命の理念を提示し、運動を「精神的」に指導したのがホメイニー師であることは言うまでもない。同時に、この革命の理念を体系的に整理し、統合し、一般ムスリムを教化する努力がすでに一九六〇年代から行われていた点を看過することはできない。この役割を担った人物の一人が、モタッハリーである。多数の著作で知られるこの人物の作品の主題は多岐にわたる。前章で述べた通り、彼の一連の著作・講演は、一九六〇～七〇年代におけるイランの社会・経済的状況を背景として解釈されねばならない。師ホメイニーの遺志を忠実に継承しながら、革命運動の意味づけに専心したモタッハリーの膨大な著作は、イスラーム的価値を、現代の枠組みの中で、哲学的、倫理的に再解釈する努力であった。そして、それは同時に、革命期における反体制勢力の戦略的枠組みの中で評価されるべきものである。筆者の理解する限り、彼の思想体系の最も枢要な根幹は、西洋の物質主義（無神論）に対する批判である。批判の矛先は唯物論のはらむさまざまな危険性、特に、社会的、道徳的退廃に対して向けられたのである。

本章においては、モタッハリーによる西洋唯物主義批判を取り扱う。主として、彼の著書『唯物主義に至る理由』に基づき、そこに見られるバートランド・ラッセル批判を中心に、モタッハリーの思想を明らかにしたいと思う。批判の根幹は、すでに前章でも少し触れたように、西洋の科学主義的思考法、特にイギリス経験主義の限界に対するものである。さらに、この批判は、大英帝国の後継者、アメリカ合衆国のイランを中心とする中東政策に対する批判へと拡大する潜在性を持つものである。この点は、最終章で明らかにする。

西洋思想、哲学の致命的な欠陥は何か。はたして、イラン人ムスリム（特に青年層）の心を捉えて離さない西洋文明が色を失うほど、イスラームは魅力を持つのか。もしそうであるならば、それを次世代の若者たちにどのように伝えることができるのか。これがモタッハリーの基本的関心であった。

本章では、特に西洋思想を構成するさまざまな要素の中で、存在論（創造をめぐって）、因果論、経験論について取り扱う。これらを分析、検討し、イスラーム思想と比較対照することによって、モタッハリーの考えるイスラーム的価値の一端を明らかにしたい。

1 西洋哲学思想の欠陥

モタッハリーによれば、西洋哲学思想には次の領域において欠点がある。つまり、存在論（世界の創造をめぐって）と因果論（経験主義をめぐって）に関するものであり、その結果として唯物主義（無神論）が生まれた、という。

神の存在と被造物の存在の関係については、前章において少し触れた。本章では、この問題を因果論との関わりでさらに詳しく説明する。まず、神の存在と被造物の存在、そしてこれと密接に結びついた因果論について考察しよう。哲学では事物が存在することの根拠を説明することに努力が払われてきた。モタッハリーによれば、西洋哲学では、原因の究明はある原因の原因、またその原因の原因という形で、永遠に続く原因と結果の連鎖を回避するために、第一原因を認めてきた。しかし、第一原因と他の原因との相違は明確なものではない。もし、究極の原因が確立されないのであれば、被造物が存立する根拠すらなくなってしまうので、この究極の原因をめぐる論議が盛んに行われてきたのである。

後述するラッセルの哲学などにおいてもそうであるように、近代以降、概して先進的西洋の思想では、第一原因として神の存在そのものを事物の存在証明として容認しない立場をとってきた。これは、同時代における科学的知識の飛躍的な発展、その結果人類の知識の領域が著しく拡大したことと関連している。この立場に対して、西洋哲学では、存在の真正性、存在には原因を必要とすることとの根拠が欠落する点で問題がある、とモタッハリーは指摘する。西洋哲学の根本的な欠陥は、すべての現象は原因を必要とし、神（第一原因）のみがこれを必要としないのはなぜか、という問いに対する未解答に収斂されるというのである。

以上の欠陥を背景として、近代西洋には神の否定、無神論、唯物主義の伝統ができあがった。その最たるものが神の万物創造に対立するとされる生物変移説（transformism）である。つまり、進化論、特に生物の進化説である。西洋では進化論は聖書の創造神話と根本的に対立するものと考えられた。たとえば、人間が土から創造されたとか、人間の生来の性質は四〇回の朝（日）を経て形成されたと記されている。進化論では、このような記述を容認しない。ところが、その一方で、何億年もの年月をかけた進化の過程を、人間は母親の子宮内でたった九ヵ月を経て全行程を完了するという事実がある。これはいったいどのように説明するのだろうか。科学によって説明しきれないことは多々ある。無論、人間が動物（生物）であることは言うまでもない。この意味で科学的進化の法則に従うべきであるが、その結果、宗教的記述などは解説に値しないのだろうか、とモタッハリーは問いかける。

このような科学の発展によって宗教を否定するに至った近代西洋人の立場に対して、モタッハリーは、たとえば、天国での生活、悪魔の誘惑、肉的欲望、楽園喪失など聖書でもよく知られた場面に登場するアダムを、人類を代表する存在として、象徴的に解釈するべきであるという。ある人はこれらの記述をそのまま字義通りに受け取るであろうし、またある人々はその背後の意味を読み取ろうとするだろう。つまり、コーランでは、人間の知性の発達段階に応じて、たとえば、少年、青年、壮年、老年期の人々など、それぞれの人生の経験や教育の程度に応じて、一連の倫理、道徳について説明がなされている、というのである。ここに、モタッハリーのイスラーム近代主義者的側面が観察できる。本章ではこれ以上論じないが、このような立場は、いわば諸刃の剣であって、一歩扱い方を誤ると際限のない自由な解釈へと拡大する可能性があるので、全体として、イスラームの宗教学者は強い警戒感を持ち続けてきた。

とまれ、モタッハリーはさらに解説を続ける。よしんば宗教的章句が科学的な説明に値せず、科学の立場から生物としての人間の進化が確定的な事実であるとしよう。その結果言えることは、せいぜい人類が特定の啓示の書物に記された神に対する信仰を失う程度のことである。世界を見渡せば、人類が土から創られたことを認めない宗教もあるからである。したがって、一つの宗教、あるいはすべての宗教を拒否し、神を受け入れないことにはさしたる賢明さはない。というのは、世界には常に神に対する信仰を保持しながら、いかなる宗教にも束縛されない自由な人がいたし、今もいるからである。実際のところ、重要な点は、進化論そのものには唯物主義に至らせる理由を見いだしえないということである。むしろ、注意を要するのは、西洋の唯物主義者（無神論者）たちが進化論を神と相容れないものと考えてきた点にある。

こうして、モタッハリーは、科学の進歩そのものは宗教と必ずしも対立せず、むしろ西洋の唯物主義（無神論）の誤謬の根源は、両者の間に永遠に超えることのできない矛盾対立があると考えた点にある、というのである。

西洋で、このような思考傾向が醸成された背景には何があるのか。その一つが、現象界にある事物の因果をめぐる議論であった。つまり、西洋では、進化論をはじめとするすべての科学的「真実」を神の存在証明に利用することなく、むしろ自然現象と神の創造行為には明白な矛盾対立があり、自然現象内での因果関係だけで十分であると考えるようになったのである。

以上の西洋哲学の傾向（モタッハリーによれば欠陥）を証明する過程で、ラッセルの哲学が典型的な事例の一つとして取り上げられる。その議論の過程で、特に、科学と宗教の対立という問題に焦点が据えられている。

モタッハリーは、ラッセルの著作を引用しながら、新しい物理学が提供する新たな問題について論じる。それは原子の「(自由) 意志」、すなわち、物理学における因果関係の欠如の可能性をめぐる議論であって、これに関するラッセルの解釈の紹介、検討に取りかかる。

ラッセルによれば、イギリスの物理学者エディングトン (Sir Arthur Stanley Eddington ／一八八二～一九四四) が提示したような、原子は「(自由) 意志」を以て自由自在に跳梁するという考えは正しくなく、原子の動きが完全に捉えようのないものであるのかどうかいまだ不明である、という。上記の原子の動きに関する新説は、断定することも否定することも誤りである。というのは、物理学はこの分野ではまだ歴史が浅いからである、という。

原子の活動に見られる因果関係を欠いているように見える点について、物理学者の中には、原子の活動は通常の物理学の法則に合致しないと考える者もいる。しかし、動物や人類の行動に関してこれまで行われた研究によって、この分野においては他の分野同様、科学の法則性が適応できないことが明らかになった。ただし、これはわれわれが人間のメカニズムのゆがみ (曲解) に関わっているためであって、法則性が存在しないのではない。物理学の世界が法則の世界から離れていると考えるような人は、ラッセルによれば、自らの望むような結論を得ることができない、という。

すべての推論は、自然界の出来事を通じて、因果の原則に基づき確実なものとなる。もし自然が法則 (性) の統御の下になければ、推論の総体はすべて水の上に描いた絵のようなものになる。そのようなことになれば、ある事柄についてすべての側面を個人的に学習したことがない限り、もはやそのことについて知ることは永久にできなくなる。こうして、ラッセルは記憶も含めてすべては因果の法則下にあるとする。

以上のラッセルの説明に対して、モタッハリーは大筋で同意している。原子の活動には法則性がないと主張する科学者たちに対してラッセルが行った批判は、ちょうどイスラームの哲学者たちがアシュアリー派の神学者に対して行った批判と同じであると評している。つまり、アシュアリー派はスンナ派の代表的な神学派の一つであるが、因果関係に基づく合理的判断を放棄して、「いかにと問うことなく」神に対する素朴な信仰の立場を主張した。

イスラームの歴史においては、アシュアリー派の事例に見られるように、イスラームの名の下に因果の基盤を否定する一派があった。しかし、モタッハリーによれば、イスラーム哲学を知るようになると、因果の必然性、因果の基盤は、イスラーム哲学のいわば「いろは」であることが分かる、という。この傾向はシーア派に顕著である、とする。

一方、ラッセルによると、因果関係を否定すると科学的知識への打撃になると考えられている理由は、もし因果関係がなければ、自ら獲得した知識の経験を一般化できない点である。というのは、経験されていない事柄の一般化は、「同様の原因は、同様の事柄において、同様に作用する」という原則に基づいているからである。逆に、因果の関係を否定すれば、あらゆる側面について学んだつもりの事柄においてすら、学んだ範囲でしか知ることができなくなる。なぜなら、外部からの感覚的、経験的情報（データ）は、厳密には個人に限定されているからである。したがって、もし因果の法則が作用しなければ、われわれは何ものをも知識として獲得できなくなる。こうして、ラッセルは以上の事柄を確認した上で、新しい物理学が世界は法則性のない方向に向かう、という見解に疑義を差し挟んでいる。

モタッハリーは、上述の議論を大筋で承認した。それでは、西洋哲学とイスラーム哲学はどの点で異なるのか。この点を明らかにするために、彼は、因果の法則はもともと哲学の法則であって、物理学ではこの不足を確証することも否定することもできない、と述べ、次いで世界創造をめぐる問題を取り上げる。

2 世界の創造と因果関係をめぐって

西洋の哲学が解決不能の困難に陥っているさまざまな問題の一つに、世界の創造に関するものがある。創造とは何か。創造者が無から有を創造することか。あるいは、すでに存在するものから創造を行うことなのか。いずれにも合理的な説明はなく、西洋哲学は第三の可能性を示すことができないでいる。つまり、もし後者なら、既存のものから既存のものを創造するということであり、新しく引かれた線にわざわざ訂正を加えるようなものである。また、無から創造されるのであれば、もともと何もないところから何らかの事物を存在させることになるので、これには矛盾がある。ただし、両者とも可能性がないわけではない。

イスラームにおいても、この議論は「ジャル（ja'l）捏造」として知られているが、モタッハリーの関心の所在が西洋哲学は理解が不十分であって、その結果としての唯物主義（無神論）に至る理由を示すことであるため、本節ではこの点に解説を限定する。彼によると、近代西洋人が唯物主義（無神論）に至った理由は、第一に創造の意味を正しく理解していないことであって、言い換えれば、因果の意味を厳密に分析していないことにあるという。

モタッハリーはこの点を解説するために、再びラッセルの所説を紹介、分析し、批判する。ラッセルは言う、新しい物理学の説に従えば、世界は同化、縮小に向かうという。さらに、世界には時間的な始まりがあるので、終わりもあるという。この説を批判しながら、ラッセルは、始めがあるから終わりがあるとは限らないと述べ、世界は一つの力によって創造されたと結論して、新しい物理学者による縮小論を退ける。しかしながら、後述するように、この「一つの力」とは神ではない。ラッセルの立場は明白な無神論である。

もう一つの可能性は、熱力学第二法則に基づく考え方である。つまり、世界はある時点で完璧に秩序ある状態であったのだが、現在に至るまで無秩序な状態となり、今日では一つの強力な力によらぬ限り初期の秩序に戻ることができない、という考え方である。

これらの考えに関して、ラッセルは当面支持すべきであるとして、世界はいずれとは特定できない時代に始まったと考える。だが、このことから世界は創造者によって創造されたと言えるのか、という問いに対して、ラッセルは、科学的に考えればこの問いに対する答えは否定的である、と言う。確かに、それが大変な驚きであるという点を別にすれば、世界が一度に創造されなかったという理由はない。なぜなら、自然界においては、われわれの目から見て驚きである現象が生じてはならないことを示す法はないからである、という。

しかし、とラッセルは続ける。無からの創造は、経験的に言えば不可能な事項である。したがって、世界が創造者の手によって創造されたという考え方は、世界が原因なしに作られたという仮定と同じくらい理に合わないことである。なぜならば、この二つの考えによって、一般に考えられる因果の法則はたちどころに破壊されるからである。

以上、ラッセルの所説を敷衍しながら、モタッハリーは次のように答える。

第一点は、西洋の最新物理学とイスラーム哲学にはまったく同意点がない。つまり、イスラームでは、神の創造（行為）は実際になされたし、それはいっさい限定されず、時間的開始点と終始点を持つ。

第二点は、新しい物理学においても、いずれかの時に世界が始まったことを認めざるをえない、ということである。世界の開始（創造）が、創造者によってなされたか、あるいは何らかの作動因の介入なしに自動的に世界が存在し始めたのか、二つの説がある。ところが、西洋の哲学者の間では、両者の間に明白な矛盾があるにもかかわらず、因果の法則に従って納得の行く形でこの二つの仮説を説明するに至っていない。

モタッハリーは説明を続ける。われわれが観察することのできる因果の法則では、原因と結果の関係によって結論に到達する。つまり、原因と結果を慣習的に認めており、原因そのものがまた自らの順番に至って、他の原因の結果となる。しかし、原因と結果があるとき、その原因そのものが自らの順番に至り、他の原因の結果とならないとすれば、科学の分野では因果の法則に反し、信頼に足るものとは見なされない。つまり、もし原因と結果が仮定されて、その原因そのものが自らの順番に至り他の原因の結果とならないのであれば、創造は無から生じることが必要となる。しかし、無からの創造は経験的に不可能である。このように、抜き差しならぬ矛盾に陥ることになる、というのである。

モタッハリーはさらに言う。ラッセルは因果の法則を観察および感覚に基づくと考えており、原因と結果は感覚できないことに気づいてもいないし、それを望んでもいない。観察されるものは連続する出来事であって、それは原因でも結果でも、完全な因果の法則でもない。さらに、出来事の連続は感覚されることはなく、純理的であり抽象的である。

一方、すでに指摘したように、ラッセルによれば、因果の法則は原因と結果を確定し、原因もまたその順番に至ると他の原因の結果となる。そして、原因が他の原因の結果ではない因果（関係）を仮定することは、因果の法則に反する、という。

これに対して、モタッハリーは、なぜこのことが因果の法則に反するのか、と反論している。もしわれわれが因果の法則を一つの経験的な法則であると認めるならば、この法則のどこに法則としての制限力や制約力があると言えるのか。この法則が制約力を持つのは、すべての現象がその現象を生じさせる行為者（創造者）を必要とする場合だけである。しかしながら、ラッセルの考えによれば、上述の行為者自身もまた現象であるから、他の行為者の助けを得て存在することになり、またその行為者も自らの順番にいたって際限なく行為者を必要とすることになる。はたして、このようなことがいかなる経験によって獲得されると言うのだろうか、とモタッハリーは反論するのである。

第三点は、無からの想像は経験によって不可能であるとはどういう意味かという疑問に関わっている。まさか必然性と（必然性の）否定が経験的事項の中にあるのではないであろう。それとも、（必然性の）否定と必然性は一つの物質的（物理的）現象であり、同時に状態であって、経験し感覚できるものなのだろうか。現在に至るまで、無からの想像は経験によって確認されていない。しかし、逆に無からの創造を否定することが経験によって確認されているというのもいかがなものか、とモタッハリーは問い質す。因果の法則は元来哲学の法則であると、彼が主張するゆえんである。

第四点目。原因そのものが他の原因の結果である因果（関係）と、原因が他の原因の結果ではない因果関係にはどのような相違があるのだろうか。前者では創造は無から生じたのではなく、後者では創造は無からなされる。いずれの場合も、存在は他の存在と関係し、他の存在から生じている。

第五点目。モタッハリーの理解によれば、新しい物理学は、いずれにせよ因果の法則の否定を宣言する。これに対してラッセルは、自然や世界に対する推論は因果の法則に従う、もし自然が因果の法則の統御の下にないのであれば、すべては無意味となってしまう、という。すでに指摘した通り、この点ではモタッハリーはラッセルの立場を支持する。つまり、因果関係が正しくないと信じ込んでいる新しい物理学の提唱者たちは、自己の判断の結果生じた結論が理解できなくなる。そして、自ら導いた結論を無謬のものと思ってしまうのである。このような態度は、たとえば自分のほしい食べ物は必ず満足を与え、自己の成長に役立つと信じて疑わないようなものであって、したがって、自分の欲望に反する他の法則をすべて攻撃するのである、と批判している。

このように、ラッセルが因果律を認める立場は正しいが、結局彼の論理、推論は、やがて無神論へと導かれてしまった。ラッセルの無神論については、彼の幼年期、少年時代の経験を心理分析するとよく分かる、とモタッハリーは述べている。

バートランド・ラッセル

3 モタッハリーの因果論とラッセル批判

それでは、西洋の合理主義（因果論）に対して、モタッハリーはいかなる態度で臨もうとするのか。どの点でイスラーム思想（哲学）は、西洋哲学に勝ると言えるのか。次にこの点を考察してみたい。

すでに述べたように、モタッハリーは、因果の法則そのものは哲学者にとって不可欠の原理であると考えていた。「人間の知識は、この法則に基づいて打ち立てられている。……この法則から逃避することは、存在のあらゆる秩序を否定すること、そして、あらゆる種類の知識、哲学、論理、数学の法則を否定することに等しい」とさえ述べている。しかし、すでに前章で概略を示した通り、モタッハリーの考える世界の秩序は、西洋の先進的科学者の世界観、ならびにラッセル等の哲学者とはかなり異なったものであった。

モタッハリーは、原因と結果の関係について次のように定義を行い、科学者との相違を明らかにする。すなわち、因果とは、二つの事物の関係であって、一方を原因と呼び、他を結果（原因されるもの）という。原因と結果の関係は、原因が結果を存在させるものであるということである。原因とは、存在するものにおいて、結果が必要とするものである。

実のところ、イスラームの神学者と哲学者の間にも因果に関して見解の相違がある。前者は現象を偶有（ある性質を偶然または一時的に備えるもの）と考えるのに対して、哲学者はそれを可能的存在（神など絶対的な存在に対する概念）と見なす。ただ、両者とも原因の背後に、存在させる者（第一原因＝神）を想定している点では共通している。

これに対して、自然科学者は、まったく対立的な見解を採用する。たとえば、家を建築する場合、自然科学では大工を家の原因と考えるが、イスラーム哲学ではけっしてそのように考えない。同様に、親は子供の原因と考えるのが自然科学であるのに対して、イスラーム哲学では、それを「前提」「備えられたもの」「道筋」などと称する。そして、イスラーム哲学では原因と結果の永遠の連鎖はありえないと考えるので、存在を付与する者を想定するのである。無論、モタッハリーの議論はここで終わらない。彼の哲学的思惟の特徴は、これ以後の議論にあるわけで、それはモッラー・サドラーの「存在一性論」の影響を強く受けている。存在一性論については、第3章でも簡単に触れたが、ここでは『唯物主義に至る理由』の記述に基づき、要点を示したい。

モッラー・サドラーの説を解説するに先立ち、モタッハリーは、因果の法則をめぐる神学者の考え、さらにイブン・シーナーをはじめとする初期の哲学者の所論を概説している。その後、モッラー・サドラーの思想を検討し、次の二点が明らかになったという。

① 「すべてのものあるいはすべての存在者は原因を必要とする」というのは、誤った解釈である。正しいのは、「欠陥（不完全性）」のあるものが、それを補うために原因を必要とすることである。この点に関して議論を行ってきたさまざまな学派は、原因を必要とする根拠になる「欠陥」を明らかにするに際して、異なる見解を表明している。しかし、真に正しいのは、すべて「欠陥のあるもの（被造物）」が原因を必要とするということであって、あらゆるものに欠陥があるとか、すべてが不完全であるかどうかが重要なのではない。

② イスラーム的な「第一原因」についての考えが明らかになった。第一原因とは、（すべてに）「先行する」完全な本質であって、無限の必然的存在である。それ故に、第一原因であり、現象界の存在者はそれの本質そのものである。その存在（第一原因）は完全であって、欠陥がない。無制約的であって、原因を必要とするなどの限定性を持たない。第一原因とは、それ自身が自らの原因であり、自ら自己の存立根拠を据えるものであり、自らの安寧を付与するものである。第一原因だけは、例外によって因果の法則外にある。

ここで、この問題について熟知していない（西洋の哲学者のような）人々の間では、次のような疑問が生じる。すなわち、第一原因は先行し、完全で、無限定的、必然的存在であるので、あらゆる種類の関係性が不要であり、その他のものはこの（第一原因の）ようではないので、関係性が必要である。それでは、なぜ第一原因は第一原因になったのか。なぜそれのみが世界の存在の中で、先行し、完全で、無限定的で、必然的存在となったのか。また、なぜそれは偶有（偶然または一時的な性質）あるいは欠陥のあるものにならなかったのか。さらに、現在欠陥があり、（原因を）必要とする存在者の中で、他の存在者はなぜ必然的存在者の位置を獲得することができなかったのか。

モタッハリーは上の質問に対して、これまで論じてきたことを考慮すれば、答えは明らかである、という。つまり、上のような疑問を持つ人たちの間では、次のように考えられているというのである。すなわち、必然的存在が必然的存在でないことがありうる。そして、ある原因が介入して、それを必然的存在にするのであって、可能的存在にするのではない。さらに、可能的存在は、可能的存在でないことがありうる。そして、ある原因が介入した結果、可能的存在になる、と。また、別の解釈では、完璧な本質を持ち、無限定な存在に欠陥があったり、限定的で、欠陥のある存在が完璧で無限定的であることが可能となる、ということになる。そして、ある原因が介入し、あるものを完璧な本質を持つ無限定的なものにしたり、他を欠陥があり、制限的なものとする、と考えられている、というのである。

上記の疑問を発した人々は、すべての存在者の位階は、その（必然的）存在者（すなわち神）の本質そのものであるということに気づいていない。それは数字の位階が、その数字の本質そのものであるのと同じである。たとえば、数字の一は一を表す本質としての存在である。したがって、もしある存在者が、本質的充足と本質的完全性によって原因を必要としないのであれば、それによっていかなる原因もそれ（必然的存在者）に介入することができないであろう。さらに、いかなる原因もそれを存在させることができないであろうし、いかなる原因によっても、それ（第一原因＝必然的存在者）が今ある位階に定位することはなかったであろう。西洋の哲学者の間で答えることのできない問題の一つと考えられている「なぜ第一原因は、第一原因になったのか」という疑問は、無意味な疑問である。第一原因は、その存在そのものが真理そのものなのであり、本質そのものである。それは原因を必要としないのである。

こうして、すべての存在者の位階は、完璧な存在者（すなわち神）の本質そのものであることを知らなければならない、とモタッハリーは言う。まず、純粋存在を絶対者と考える。そして、この絶対者からの流出とは、この純粋な存在を自己分節化しながら、他の存在を生み出すことである（流出論）。このようにして、世界が成立してくると考えるのが、「存在の唯一性（存在一性論）」なのである。

4　無神論批判と信仰

モタッハリーは、以上の議論をさらに確実にするために、ラッセルの事例を用いて次のように述べている。

ラッセルには『なぜ私はキリスト者でないのか』という小著がある。その書物の中で、彼は単にキリスト教を批判するばかりでなく、宗教思想全体（その中には非宗教的なものも含む）を攻撃している。ラッセルがこの書物の中で批判している問題の一つに、「第一原因の証明」がある。その名があまねく知られたこの西洋の偉大な哲学者が、この問題をどのように理解したか、モタッハリーは次の引用を行っている。

「……この論証の基盤は、われわれがこの世界に見いだすすべてのものには原因があるということから成り立っている。もしわれわれが原因の鎖をたどっていけば、結局第一原因にたどり着く。そして、この第一原因のことを原因の原因とか、神とか名づけるのである。」そして、次の有名な下りが始まる。

若い頃、私（ラッセル――著者）はこの問題について深く考えていなかった。それで、原因の原因を長く受け入れていた。その状態は、一八歳のある日、ジョン・スチュアート・ミルの自伝を読んでいるとき、次の文に遭遇するまで続いていた。つまり、「私（ミル――著者）の父は私にこう言いました。『誰が私を造ったのか、という質問に対する答えはない。というのも、この質問は即座に、いったい誰が神を造ったのか、という疑問を発することになるからだ』」。

この単純な文が原因の原因を証明することの欺瞞を私に明らかにしてくれた。そして、私はいまだにそれが欺瞞であることを知っているのである。もし、すべてのものが原因を持たねばならないのなら、それでは神もまた原因を持たねばならない。もしあるものが原因なしに存在しうるのであれば、このものもまた神であり、また世界でありうるのだ。この証明の無益さは、まさにこの点にあるのである。

この引用に対して、モタッハリーはこう答える。われわれがこれまで行った議論によって、ラッセルの言葉の無益さが明らかになる、と。すなわち、争点はすべてのものが原因を持たねばならないとか、例外的に一つの存在者が原因なしに存在しうると言うことにあるのではない。もし一つのものが原因なしに存在しうるのであれば、神であろうと、世界であろうと両者の間にどのような違いがあるのか、と問い返す。

すべてのものや存在者は、それらの間に相違があるのかどうかが明らかになるまで、物であるとか、存在を有しているとかという理由だけでは、原因を必要とするかしないかの根拠にはならない。むしろ、争点は次の通りである、と彼は言う。すなわち、存在者の中には純粋存在であり、絶対的に完璧な存在者があるということであり、すべての完璧性はそれから生じ、それに向かう。そして、それは存在がそれ自身の本質そのものであるので、原因を必要としない。これ（純粋存在＝神）は、欠陥を有する存在者とは対照的である。後者には欠陥があり、その結果、（その不完全さを補うために）求め、それ（純粋存在）に向かい、しかもその（純粋存在から流出する）完全な性質を失うことはないのである。

言い換えれば、われわれはすべてのものが一時的な位階を持つ世界に住んでおり、理性の目を以て本質と存在を取り違えている。すべてのものは自らが所有しない他のものを求めており、また、すべてのものは自ら所有するものを別な時点で失う。われわれは、すべてのものが消滅、衰亡、変容に曝されている世界に生きており、窮乏や必要、欺瞞の兆候があらゆる営みに現れている（欠陥の状態）。したがって、そのような世界は、第一原因や必然的存在ではありえないのである。こう述べて、最後にモタッハリーは、森羅万象の可変性、脆さをコーランの「家畜」の章に見いだし、自らの信仰の正当性を確認している。

> さらに我ら（アッラー）は次のごとくイブラーヒームに天と地の王国を見せ、彼を確固不動の信仰者に仕立ててやろうとした。
> すなわち、夜のとばりが彼の頭上にうち拡がった頃、彼は一つの星を見て、「これぞわが主じゃ」と言った。だが、やがてそれが沈んでしまったとき、「わしは姿を没するようなものは気にくわない」と言った。

それから、月が昇って来るのを見たときも、「これぞわが主じゃ」と言った。だが、やがてそれも沈んでしまったので、「やれやれ、神様が手引きしてくださらなかったら、あやうく迷いの道に行くところだった」と言った。

それから、太陽が昇って来るのを見て、「こんどこそわが主じゃ。これが一番大きいから」と言った。だが、これもまた沈んでしまったとき、彼は「これ、皆の衆、これでわしはおまえたちの崇拝しているもの（偶像邪神のたぐい）とはきっぱり縁を切ったぞ。今こそわしは、天と地を創造し給うたお方の方にきっぱりと顔を向けた。今やわしは純正信仰の人、多神教徒の仲間ではない」と断言した。

（「家畜」七四―七九）

モタッハリーは、モッラー・サドラーの理論と世界観を援用しながら、最終的にアブラハムの信仰の立場に至った。流出論と、存在者間の位階の相違、それらは存在者間の複雑な関係性（「完全と欠陥」、「美と醜」など、一見対立する部分間の相互補完の関係――第3章参照）など、そこには壮大な哲学的世界観が現出している。同時に、そこには上で引用したコーランの章句でアブラハムが告白したように、揺るぎない一人の人間、モタッハリーの確固たる信仰の世界があったと言わざるをえない。

これに比して、ラッセルは、物理学的、数学的知識は瞬時に発生しては消滅する感覚的知識よりははるかに信頼に足るけれども、その知識は感覚的世界、経験的世界と不可分の関係を有している、と考える。なぜなら、物理学的知識は、基本的に実験、観察にとそのデータの分析によって得られるある現象のあくまで蓋然性を問題にするのであり、そうすることで法則化を試みるのである。これが帰納法であるが、ラッセルによれば、ある重要な原則や法則などがすべて経験的な事実から論理的に導き出せるわけではない。このように、ラッセルは、経験の限界を認めている。この点で、近代ヨーロッパの哲学的伝統がその根幹に人間的経験を据えることについて、モタッハリーがラッセルに対して行った批判とは微妙な齟齬を見せている。しかし、私見では、ラッセルのこの立場は、この人物独特の「バランス感覚」から生まれた慎重さと厳密さを表しているのであって、彼が実験、観察に基礎を持つ経験論を否定しているのではまったくない。

それどころか、ラッセルの思想に形而上学的第一原因（神）を容認する余地はまったくない。彼が、ヒューム（D. Hume／一七一一～七六）的因果論の例として、「犬は吠える」や「太陽は昇る」という文を因果関係の好例として提示するとき、犬を吠えさせる何者をもその背後に想定していないのは明らかである。現在人間の理知の及ぶ範囲はよしんば限られているとしても、結局人間の知識は、制限性の中ではあっても、人間自身の経験（感覚的知識）に出発点を求めざるをえない。これすら否定してしまえば、人間が知識を獲得する糸口さえなくなってしまう、という点でラッセルに揺れはない。さらに、クリフォード（W. K. Clifford／一八四五～七九）など、一九世紀以来西洋の科学哲学の伝統はこのようなものであり、科学の可能性、人間の可能性に対する全幅の信頼がそこにあった。もはや神の入り込む余地はなかったのである。

5 結　語

一九七九年の革命を実現させる原動力の一つは、第1章で述べたように、反アメリカ主義であった。自由で開放的なアメリカ文明には、若い世代の人々を魅了する要素が満ちあふれていた。が、同時に、外来の物質文化のイランへの流入は、土着の価値体系に対する大きな脅威でもあった。事実、著しい混乱をもたらしたのである。

すでに述べたように、イランにおける外来文化の本格的な導入は二〇世紀初頭、つまり一九二〇年代のレザー・シャーの時代から続いていた。当初は、イギリス、フランス、ロシアなどが影響力を持っていたが、一九五〇年代からはアメリカ合衆国の影響力が突出するようになる。モタッハリーの活動は、すでに一九六〇年代からテヘランを中心に活発に展開されており、それは哲学的にイスラームを新しい時代の要請に応じて再解釈し、疎外状況にある青年たちに生気に満ちた未来像を提供することに向けられた。当面の敵に対して効率的に対抗するためには、まず相手の立場を極力客観的に評価することが肝要である。モタッハリーは、アメリカ主義をも含めた西洋文明の根源を一七〜二〇世紀のヨーロッパの思想、哲学の中に求めた。けだし、近代的意味での科学主義、合理主義、唯物主義、無神論などの思想は、すべてこの時代に形成されたからである。

はたしてラッセルが近代西洋の哲学思想を代表するのか、議論の余地はあろう。モタッハリー自身がこの人物に深い関心を示していること、さらに近代西洋に特徴的な科学主義、人間中心主義や無神論の立場は、ラッセルを通じてかなりの程度まで知ることができる点で、ある程度の妥当性はあると考える。私見では、ラッセルの立場は、モタッハリーの考える以上に複雑で慎重な面がある一方で、ラッセル評価はほぼ正確である。また、因果論は基本的に哲学の領域に属するという主張も、全面的に支持しがたい。これらを差し引いても、モタッハリーのラッセル批判、ひいては近代西洋科学思想に対する批判は傾聴に値すると思う。つまり、西洋の思想をそのまま「模倣」しないで、自己の伝統に立脚した独自の解決策を見いだそうとしているのである。

もちろん、両者の立場に甲乙をつけることは筆者の意図ではないし、また力量の及ぶところではない。ただ、西洋の経験主義、合理主義対宗教的立場の相違は明瞭であり、異文化の価値体系の比較という面では、格好の事例である。人間中心主義的傾向と神を中心に据える立場との対比として捉えることができるだろう。さらに、興味深い点は、モタッハリーのイスラーム近代主義的対応である。つまり、現在抱える問題群に、イスラーム教徒としてどのように対応するかを真摯に考える立場である。これが最も顕著に表れたのは、コーランやイスラームの賢者の伝承を道徳的、倫理的に解釈する分野である。この点は、第6章で触れる。

モタッハリーは「原理主義者」に組み入れられることがあるが、筆者はこの立場には疑問を持っている。むしろ、彼の立場は、頑迷な原理主義とは言えず、変動する時代の思想、技術に比較的柔軟に対応する姿勢が見られる。特に、シーア派で顕著に見られる理性主義的立場を極力保とうとしている。これは、近代主義的な対応であると言えるだろう。

本章で解説した哲学的西洋近代思想批判に続き、次章では、さらに具体的な事例として社会主義、共産主義を取り上げる。モタッハリーをはじめとするイスラームの思想家たちは、社会主義も資本主義も共に物質を最優先するという意味で同等に取り扱う。では、この問題に移ろう。

第5章……史的唯物論とイスラーム的世界観

——物質と精神の均衡の模索

人間の生存にとって物質を欠くことはできない。同時に、精神を欠いた人間は存在しないに等しい。精神と物質の相関に関する問題は、人類の歴史上極めて重要な位置を占めてきた。結局、哲学上の重要な問題の多くは、この問題に収斂される。形而上世界と形而下世界、普遍と個別、魂と肉体、無制約性と具体性、聖と俗などの対立関係は、一六～一七世紀以降の西洋においても盛んに論議され、最終的に神の「敗北」、人間の「勝利」へと導かれたとされる。

特に、一八～一九世紀に合理主義的、進化論的思考法が全盛期を迎え、人間の理性が判断の究極的基準と見なされる習慣ができた。科学技術の発展により、世界のすべての現象は人間の統制下にあり、人類の進歩は、確実に保証されていると信じられていた。

さて、ここで考えなければならないのは、上記のいくつかの項目は、はたして真に互いに相容れない要素なのか、それとも、実は両者は相互補完的な相即不離の関係にあるのか、という問題である。これは人類の歴史の中で常に存在してきた問題であり、同時に極めて現代的な問題でもある。

イスラームでは、少なくともモタッハリーの解釈によれば、両者の有機的関係を認めながらも、重点は常に前者の諸項目、すなわち、形而上世界、普遍、魂、無制約性、聖にあった。この点を説明するために、モタッハリーは「神の公正（正義）」を論じ（第3章）、あるいは近代西洋の唯物主義（無神論）を批判した（第4章）。これらの西洋批判は、人間存在を理解する作業の一環であった。ある事柄を理解する場合、対立する事柄と比較、対照した上でその欠点と長所を知悉し、その後、自らの拠って断つ立場を定立するのは有効な方法である。

本章で扱う史的唯物論は、イスラームの理想とはまさに真っ向から対立する物質的要因、なかんずく生産様式、生産関係など、経済を社会存立の基盤（下部組織）と見なす哲学思想である。これを基盤とする共産主義思想に対するモタッハリーの猜疑心は相当に根深いと言える。彼にとって、史的唯物論を批判することは、とどのつまり人間の精神的価値の優位を証明する作業である。ただ、この作業が単に実社会から乖離した観念的な議論であってはならない。この問題にモタッハリーが真剣に取り組んだ動機を探っていくと、そこには現実の歴史が確実にあった。彼の議論は単なる哲学上の抽象的な議論ではなく、一九六〇〜七〇年代にかけてまず彼自身が対峙していた、また多くのイラン人

（特に青年知識人層）が直面していた歴史との対決でもあった。

本章では、まず第一節で一九四〇～七〇年代に至るイラン社会を、イラン共産党（ツーデ党）の活動に焦点を当てながら概観する。次いで、モタッハリーの理解した社会主義経済を、資本主義の欠陥をもふまえた上で紹介検討し、これに対置されるイスラーム経済の基本を明らかにする。イスラームの立場から言えば、社会主義も資本主義も物質を人間活動の基盤に据える点で変わりがないからである。本章では、彼による史的唯物論の徹底的な分析、批判を紹介するが、同時に唯物主義（社会主義、共産主義、さらに資本主義も含めて）に影響を受けたイラン人知識人の現状と彼らの抱える問題点を指摘し、それに対する批判を紹介する。最後に、イスラーム的世界観の基本を示すことによって、モタッハリーの堅持していた立場を明らかにしたい。

1 イランの共産主義運動

第2章で触れた通り、モタッハリーは二五歳の頃（一九四五年頃）から本格的に社会主義、共産主義の研究を開始したという。彼が一九七九年の革命成就前後に執拗なまでに共産主義勢力を攻撃していることから分かるように、この頃までにこの思想のもつ反イスラーム（宗教）的性格に対して敵愾心をむき出しにしていた。さて、彼が思想活動の最初期に共産主義に強い関心を示したのには理由がある。この時期はパハラヴィー朝の開祖、レザー・シャーが退位し、彼の若い息子ムハンマド・レザーが後継者となった時代で、イラン国内には思想活動の相対的自由があった。イランの共産党、ツーデ党は、第二次世界大戦後の厳しい社会経済的条件の下で、苦しい生活を強いられていた労働者や、知識人などに働きかけ、これを組織して反政府運動を積極的に行うことができた。若い学僧のモタッハリーが唯物的思想に関心を示したのは、けだし当然であったと言える。

ツーデ党は、一九四一年一〇月に結成された。もちろん、イランにおいて共産主義思想が導入されたのはこのときが最初ではない。すでに二〇世紀の初頭において、西洋思想がイランに浸透するのに伴って、共産主義思想もイラン人の間で知られるようになっていた。しかし、レザー・シャーの退位後に訪れた「自由な」時代において、その活動は顕著であった。この時期のツーデ党は、全体としては、レザー・シャーの時代の独裁政治の悪弊を除去することを目標に掲げていた。ただ、一九三〇年代には、反共産主義、反社会主義の風潮が強く、これをかわす意味で、宗教勢力と妥協的な動きをしていた。さらに、この組織の支持者は、インテリが中心で、政府派遣の留学生が多かった点も注意を要する。

活動の対象は広汎にわたっており、中産階級、一般知識人、小地主、職人、商人、さらに、労働者、婦人、サラリーマンなどであった。また、ツーデ党の党員の多くも知識人であって、イラン国内での知識人労働者の割合は八パーセント程度であったにもかかわらず、党員の五三パーセントがこのグループに属していた。

同党の基本綱領はマルクス主義であり、ブルジョアジーの打倒、プロレタリアの勝利、階級社会の消滅などを掲げていたので、このような考えが当時の人々に理解されていたとは考えにくい。では、ツーデ党が支持された理由は何だろうか。

まず、経済的要因としては、レザー・シャー退位後の物価高との関連で、賃上げ闘争が発生していたことである。他方、政治、社会的な要因としては、レザー・シャーが退位した後のやや弛緩した政治的雰囲気の中で、この階層の人々の間にかねてより観察できる封建的地主、部族の権力者、宮廷貴族、軍人など、旧支配階層に対する根強い不満があった。したがって、立憲主義、社会主義、民族主義などの主張が、さほど無理なく受け入れられたのである。さらに加えて、近代化、世俗化、工業化なども若い世代の人々に訴えかけていた。繰り返し述べるが、ツーデ党の過激な綱領がそのまま受け入れられていたのではけっしてなかった。

イランの知識人にとって、社会主義とは必ずしも生産手段の公的所有を意味したのではなく、急速な工業化や広汎な社会改革、なかんずく土地の再配分、公教育の拡張ならびに上流土地所有者層を除くために、国家が精力的に計画を立案することを意味していたのである。

一方、国際関係の視点から見れば、一九四〇年代中期に至る時期に、イラン人の間では西洋諸国、特にイギリスとアメリカ合衆国は、ソ連以上に脅威であり、不信感がもたれていたという。このような条件の下で、ツーデ党はイラン人知識人、労働者の間で影響力を行使することができたと考えられる。

このように、第二次世界大戦中にストライキの増大を利し、さらに戦後は南部の石油油田労働者の組織化などを通じて勢力の拡大を図ったが、当時政権を担当していたカワーム内閣が、これまでの「自由な」施策から右よりの政策に転換し、労働者組織を解体、ストライキを武力によって中止させるに及び、事態は急転した。政府がこの後も間欠的に弾圧を継続したことや、戦後物価指数が低下して、インフレが緩和されたことなどの要因は、イランの社会主義運動にマイナスに作用した。かくて、ストライキは激減した。こうして、ツーデ党の活動は一時期衰退する。党の役割が再び浮上するのは、一九五一〜五三年の「石油国有化紛争」の時期である。

石油国有化運動についてはすでに述べた。この紛争の結果誕生したモサッデク内閣の政策について、ツーデ党にはブルジョア的同政権に対する不信感があったこと、さらに、ソ連の教条的マルクス・レーニン主義の強い影響により、やがて戦線を離脱することになる。この結果、イラン国内でのツーデ党の影響力は急速に衰退する。しかし、一九五六〜五七年頃から六〇年にかけて、ソ連は新方針を採択した。その結果、従来のようにプロレタリア重視の政策から、労働者、農民、低、中産階級および民主主義的インテリの人々にも訴えることになった。ツーデ党はこの路線を歓迎し、これを勢力後退を挽回する好機と捉えた。そこで、石油国有化紛争時の誤りを認め、教条に縛られることなく、広汎な人々に訴えることになったのである。

しかしながら、一九五三年以降、シャー体制の巻き返しは著しく、飴と鞭を用いた政策によって、二〇年以上は少なくとも外面上は「安定した」政権を樹立した。シャーの体制は基本的には独裁的、非民主的ではあったが、主にアメリカの援助やシャー自身の施策によって、少なくとも経済的には国民の生活水準は確実に向上した。

確かに、アメリカの圧力で開始された土地改革は宗教階層などの不満の温床となったが、小作人をなくして独立した農民を生み出すこと、さらに土地を「失った」旧地主たちを商業的土地保有者として誕生させるなど、「近代化」に関してはそれなりの成果を上げていた点はすでに指摘した。さらに、一九七三年以降に流入したいわゆる「オイルドル」についても、国王と彼の近親の者が巨額の資金を私利私欲の追求のために有利に運用した点は否定できないものの、さまざまな開発に資金が投資されていたことも事実である。したがって、国王の経済政策に関しては比較的争点が少なく、ツーデ党など反政府勢力が食い込む余地は相対的に少なかったと言える。

他方、政治的、思想的規制に関しては、シャーの体制は非常に敏感であった。悪名高い諜報機関サヴァクを全国に網の目のように張り巡らせて、反政府活動を封じた。国王の権力基盤は、軍隊、宮廷、官僚にあったが、これらのグループを手厚く処遇する一方で、危険分子に対する取り締まりは徹底的であった。その拠点とも言えるのが復興党（ラスタヒーズ党）の結成であった。旧来の二大政党制を廃止して、一党独裁を企てたのである。アブラハミヤーンによれば、この動きは「時代遅れの軍事独裁制から全体主義型の一党国家」への変容であった。復興党の結成は、サラリーマンなどの中産階層の締めつけと財産を所有する中産階層（バーザール商人や宗教家階層）への干渉を伴った。

シャーは復興党に属さぬ者はツーデ党員と見なしたと言われ、左翼勢力に対する統制は厳しかった。これに米ソの東西抗争が関連していたことは言うまでもない。反ソ連を国是とするアメリカに支援されるシャー体制の本質的性格を表していた。このように、国王は一九七〇年代初期に至るまで、少なくとも表面上、権力の安定を謳歌しており、「偉大なる文明」へと「邁進」していたのである。

さて、以上のイラン国内における共産主義運動の進展状況から推定できることは、共産党の影響力は大戦直後の民族主義高揚期と、五〇年代初めの石油国有化紛争に際して明瞭に現れた点である。ただし、筆者の印象では、はたしてツーデ党がどれほど強固な組織基盤を持っていたか、また社会主義イデオロギーがどの程度支持者に理解されていたか疑問である。むしろ広汎な人々の現実の生活の中でくすぶる不満に乗じて、何らかの影響力を一時的に行使したに過ぎない印象が強い。

とすれば、モタッハリーが共産主義思想について真剣に学習した理由として、四〇年代半ばにおいては、共産主義的傾向を持つ人々を、物質的要因を人間社会を構成する主要因と考える無宗教グループとして一種の脅威を感じていたためである、と推測できる。しかし、五〇年代から六〇年代にかけては、政府の厳しい取り締まりの結果、少なくとも表面的にはこのグループは強力な政治勢力ではなかったのであるから、モタッハリーの主要な関心は、唯物主義的傾向を持つ運動の思想内容の分析、批判に向けられていったと考えることができる。もともとこの人物は、政治的指導者というよりは思想家である。彼の著作で社会主義や共産主義（史的唯物論）は、資本主義と共にイスラーム思想と対照させながら議論されている。上で述べた通り、共産党の活動は確固たる基盤がなかったとはいっても、現実には社会主義思想や共産主義思想は、六〇年代に至り、徐々に定着してきた。その結果、反体制的若者の間においては根強い支持者があったことは事実であり（特に大学生を中心とする若者やゲリラ組織の構成員など）、その無神論的傾向は、イスラームの立場から見れば脅威であった。したがって、彼らに対して、社会主義思想の主張には正当な根拠がないことを示す必要があったのである。

他方、反体制的自由主義的知識人（既述のアリー・シャリアティーなど）が、社会主義の概念装置を取り入れながら独自のイスラーム解釈を行い、青年層に熱狂的に受け入れられていた。全体として、モタッハリーは、西洋の侵略的イデオロギーの中で最も危険視していたのは、唯物主義＝無神論であった。したがって、これらの自由主義的知識人に対しても何らかの対応が迫られていた。古典的な事例であるが、エジプトの近代化の過程でイスラーム勢力を代表するムハンマド・アブドゥーにとって、真に脅威となるのは外国勢力そのものより、むしろ国内のムスリム青年たちのイスラーム離れであった、と言われている。モタッハリーが宗教学者としてイスラームの価値を擁護するのは当然であるし、イスラームに対する関心が希薄になってゆく現状を打開する方策を模索していたのも自然である。ただし、その際、時代を代表するさまざまな思想的傾向を、それが西洋起源であったとしても、極力客観的に評価しながら批判するという手法を採用している。この意味で、史的唯物論は、イスラームが他に優越した地位を占めることを論証する上で、必ず論駁しなければならない対象の一つであったと言えるだろう。

2 史的唯物論とイスラーム

この時代的背景をふまえて、モタッハリーによる史的唯物論の具体的な批判に移ろう。そこで、本節ではまず彼の理解した社会主義経済を資本主義、イスラーム経済の特徴と比較対照しながら、紹介、検討してゆきたい。

近代・現代の経済活動を論じるさまざまな視点がある。財の所有、労働、生産、交換、分配、消費などである。イスラームにおいても、人間の経済活動の根幹である財の所有や生産、交換、消費などが軽視されることはない。これらの経済活動はイスラーム経済の中で承認を得ているが、さまざまな条件が定められている。

イスラームでは、通常の経済活動に関わるこれらの要素は承認される。しかし、富の崇拝（拝金主義）は厳しく禁止されるなど、倫理的要素が常に意識されている。したがって、富を増大させる行為、たとえば農業、牧畜、工業をはじめ、商業、交易は全体として奨励される一方で、個人の必要以上の消費や人類に危害をもたらすような行為、たとえば浪費は禁止され、貪欲、窃盗、不実な行為に対しては厳しい罰則が定められている。さらに、特記しなければならないのは、イスラーム経済は常に共同体全体の福利（マスラハ）を最重要視する点である。

このようなイスラーム経済の一般的特徴に加えて、さらに以下の説明で明らかにするように、そこには通常の資本主義経済や社会主義経済の諸概念が内包されている。モタッハリーはイスラーム経済の特徴を、資本主義ならびに社会主義経済との比較の下に『イスラーム経済システムについての一見解』の中で詳述している。以下、主として本書に基づきながら、彼の経済思想を検討したい。

モタッハリーにとって、経済を論じるに際してまず前提となる事項は次の通りであった。

① 人間の生とは、一つの統合体である。（精神的充足を獲得するために）所定の日時に教会やモスクに行くだけで事足りるというのは他の宗教には当てはまっても、イスラームについてはそうではない。（つまり、社会生活と信仰生活は分離されていないという意味である―筆者）。

②イスラームにおける富（財）とは何か。イスラームでは、財、富について、人間は権利を持っている（私的所有権の承認—筆者）。コーランでは、これを「最良の恵み」と名づけている。富の生産、交換、消費は奨励されるべきである。ただし、浪費は禁止され、厳罰に処されるべきである。

③議論すべきは（人間社会をよりよいものにするための）計画としての経済であって、科学としての経済ではない。イスラーム物理学など存在しないが、前記の意味でのイスラーム経済学はある。

④今日、社会主義や資本主義について議論がなされているが、これらは一つに統合されねばならない。その際、次の諸点が問題となる：

a 所有権の問題。イスラームでは（私的）所有権を認めるが、自然の所有については規定がある。また、機械の所有については、今日、別の規定がある。

b 富、財は第一に社会に属し、次いで個人に属するのか。それとも、一〇〇％個人に属するのか。答えは前者である（社会的福利の優先—筆者）。

c 今日資本主義体制が存在する。これは不正なのか、それとも公正なのか。答えは不正である。

d 経済は指導力、理解力、善意を持つ人々の手に任せられるべきものなのか。それとも各人が恣意的に行うものなのか。答えは前者である。

e「労働は能力に応じて」をイスラームは容認するのか。否。これは搾取である。

f　イスラームは社会的管理を知や意志の観点から承認するのか。承認する。

g　イスラームは搾取と合致するのか。もちろんしない。

⑤　生産や配分は社会の統制の下に行われるのか。この権利を社会は持っているのか。答え。疑いなく持っている。また、人々の欲望や願望は、富の源泉となりうるのか。それとも、富の源泉は現実の人々の必要なのか。イスラームでは、社会の倫理と福利は一致すると考える。したがって、後者を支持しない。

⑥　資本を個人に集中させること、さらに「労働は能力に応じて」の原理を実践することは、富の増大の障害となる。イスラームでは、富の源は自由で、すべてのものの選択にあり、富は退蔵や財宝、未利用地の形では生じないと考える。(利子など不労所得の禁止―後述、筆者)。

上記の項目を一別して気づく点は、現実の存在するさまざまな経済システム(資本主義や社会主義)を批判しながら、その長所を積極的に評価して取り入れ、何らかの新しい体系を築き上げようとする意図が見られること(あるいは、イスラームにはもともとそれらがあったと考える)、さらに倫理、道徳的な要素が色濃く打ち出されている点である。言い換えれば、イスラーム経済は、資本主義と社会主義のどちらか一方に偏るのではなく、両者の中道を行くという立場である。さらに、イスラーム的な倫理的価値がすべてに優先するということである。この考えは、モタッハリーの「現実主義的哲学」に一貫している。では以下において、上で示されたいくつかの経済概念について、彼の解釈を具体的に見てみよう。

〔財・富〕

財は必ずしも私的所有を前提とするべきではない。財にはその存在を完全に自然に依存するものがある。たとえば、森林の果実、野の花、牧草などである。さらに、富には人間の努力が介入することによって価値の生じるものがある。ある人が木を植えて、自然の力を借りて生産するような場合である。そして今ひとつの財の形成は、自然に資本を投下することによるもので、労働と自然の働きによるものである。機械化農業、織物、化学薬品、砂糖、パンの製造などがこれに当たる。いずれにせよ、自然の介入なくして、労働と資本だけでは富は生じない。ただし、技術の進歩により、労働や労働者の生産における介入は減少し、資本の介入は一層増大する。

〔所有〕

所有とは、あるものを自ら生み出したり、あるいは自然の中から取り出したり、または発見した結果、そのものとの関係を他人よりも優先的に持つことである。これは人類固有のもので、所有には私的所有と公的、共同的所有がある。自ら造ったものや、自然から獲得して得たものの所有権については議論の余地はない。しかし、所有権を確実なものにするために、所有の対象に対する権利と根拠、ならびに所有権に関する規定が必要になる。その規定の基準は公正（アドル）でなければならない。ただし、富を生み出した者や自然の中に発見した者に先取権があるとは言っても、イスラームの立場から言えば、土地や鉱山などは扱いが異なる。たとえば、コーランに「また大地はこれをすべて生あるもののために打ち据え給えば」とあるように、土地に労働が加えられるまでは、自然の収穫物はすべての人類のものである。しかし、それが可耕地となった後には、別の制限が生じる。ある人がある土地に労働を加え利用可能とした上は、その土地の合法的利用に対する先取権はその人に属する。ただし、その人はその土地をいかなる非合法的な用途に用いても良いのではない。たとえば、浪費に用いてはならない。すなわち、いくら富を生み出したとはいっても、その人は神ではないのだから、それを自由勝手気ままに用いることは許されない。それは自殺と同様であって、私は私でありながら、私自身の所有物ではないのである（資本主義的システムに対する批判―筆者）。

一方、社会的協業はどうなるのだろうか。自然の産物や個人の労働の成果を平等に他人に供与するのは公正に反するのであって、それは搾取である。というのは、社会が個人に獲得させる権利は、自由かつ強制されることなく、当該社会において完遂された労働に比例しなければならないからである。

さらに、このような他人の労働の成果の不当な簒奪（分配）のみが不正（ゾルム）なのではない。

個人が神与の能力を最大限用いることを禁じたり、その自由を奪うこともまた不正であり、自然権の剥奪である。このようなことは、社会の発展の障害となる（社会主義経済システムに対する批判―筆者）。

具体的に言えば、限定された数の個人の所有権によって第一次資源が保持されるのが資本主義の必要条件である。他方、人的資源や労働力が社会によって保持され、競争が阻止されることが社会主義体制の前提条件である。前者では、個人の労働に対するインセンティヴが奪われてしまうし、後者では、個人間の能力の差違を考慮しないので、個人の活動と努力の障害となる。

ただし、製造機械のようなものは社会の発展にとって不可欠であり、しかもこれを単純に個人の所有物と見なすわけにもいかない。このことはけっして私的所有権の否定ではないし、特定の所有権の廃止でもない。この場合の所有は、共同的社会的であって、私的ではない。

同様に、イスラームでは、略奪品は公的財と見なされる。イスラームでは、略奪品を公共財と同様に扱う一方で、私的所有権を全面的に否定せず、また私的所有権を受け入れるからといって、公的所有を否定するのでもない。個人の労働の基盤のあるところでは私的所有権を承認し、個人の労働の基盤のないところでは、所有を公的なものと考えるのである。このように、イスラームの立場は、資本主義と社会主義の中間であると言える。

〔価値——労働価値説をめぐって〕

価値が生じる基本的な条件は、まずそのものが必要とされること、また光や空気のように多量に存在し、値段がつけられないようなものではなく、確定できることである。価値決定の要因として、形態（大小、美醜、など）や利用価値などを考慮しなければならないが、西洋の（資本主義）経済では、需要と供給の関係に収斂する。一方、マルクス主義経済学においては、あらゆる製品の生産に要するすべての支出は、生じた労働と関係を持つと考える。つまり、世界にはさまざまな階層の労働者たちの労働と自然の中に存在するもの以外には何も存在しないので、労働が自然界にあるものをある状態から他の状態に変換しない限り、生産費の中に数えることはできないと考えるのである。

モタッハリーは、まず自身の労働価値説理解について次のように述べる。すなわち、この説に拠れば、価値が生じるのは各人の労働による。市場で交換されて価値が生じるように見えるすべての商品は、その内に労働力が隠されている製品に過ぎない。したがって、単に労働ではなく、労働力という商品は、価値を生み出す唯一の商品である。労働力は過去においては（奴隷制時代、封建時代、単純な商業経済の時代）、売買の対象ではなかった。これが商品となるためには、（一）労働者（労働力の所有者）が自由であること、（二）生産手段の所有者ではないので労働力を売却せざるをえない、という条件が必要である。この条件下で、すべてのものの価値はそれを生産するのに消費された労働量に等しい、という金科玉条が形成された。

モタッハリーによれば、この学説では、人間の持つ自然の能力、工夫の才が考慮に入れられていない点に欠点がある、という。それはちょうど、馬の価値がその馬を育てるために投下された支出に等しいというのと同じであって、馬の肉は、価値の面から言うと、それを育てるのに消費された藁、大麦、牧草に等しいと言っているようなものだ、と述べている。

加えて、労働価値説の重大な問題点の一つとして、労働力に関しては、需要供給の法則（すなわち、競争原理）が必ずしも作用しない点について指摘している。さらに、労働者の賃金は、彼の体を維持させ、生存できる程度に彼によって消費されねばならないものの価値に等しいという考え、すなわち、すべてのものは、その生産に際して消費される労働力に等しいという説について、次のように反論する。つまり、この説自体、「価値は製品の生産に費やされる労働に等しい」という見解を否定する原因となっているというのである。価値とは、あるものに実際に（付随して）あるものであって、労働力の投下の大小とは無関係に存在する、とする。おそらく、価値と投下労働力が等しいという考えは、工業製品については正しいかも知れないが、自然については正しくない、とモタッハリーはいうのである。

〔イスラーム経済論の基盤――ムダーラバ契約とリバー（不労所得）〕

これまで、モタッハリーの史的唯物論ならびに資本主義の分析、批判を紹介してきた。これをまとめる前に、彼の批判の根拠となる、イスラーム的価値の基準について簡単に触れておくことは無駄ではないと思う。それは、ムダーラバ契約とこれに基礎を置くリバーの概念である。

ムダーラバ契約とは、イスラームの開祖ムハンマドもこの契約に従って交易に従事したことで知られる、商慣行である。つまり、

交易や商取引を通じて利益を確保するという究極的目標を達成するために、資本と労役が結合したものと言える。商取引以外に、この言葉は製品の製造における資本と労役の結びつきについても用いられる。

とされる。さらに、古典理論では、

（ムダーラバは）イスラームの用語としては、二人またはそれ以上の人々の間の契約を意味し、それに従って、一人の人または仲間、つまり資本家（sahib al-mal）が代理人（ʻamil）に対して資本を与える。後者はその資本を用いて事業を行い、利益が生じた場合、両者の間であらかじめ明確に定められた割合、たとえば三分の一とか三分の二などに応じて分割する。

この契約の根本理念は、資本提供者は自らが提供した資金のゆえに分け前に与る権利を有し、一方

代理人はその労役に対する代償として利益の割り当てを受けることができる点である。この際、通常の事業の遂行の過程で生じた損失については、全面的に資本提供者が負うのであって、代理人にはいっさい責任がない。

この契約概念は、次に述べるリバーの概念と共に、一九八〇年代以降話題になった「無利子銀行」の理論的基盤であった。

次いでリバーについて簡単に述べる。イスラームではリバーは厳しく禁じられてきた。リバーとは、小麦、大麦などのリバー品目について得る利子（または不労所得）のことである。一例として、サファヴィー朝（一五〇一〜一七二二）末期の神学者マジュリスィーに次の言葉がある。

リバーはその社会において、硬い岩の上の蟻の足跡よりも隠されたものである。けっして虚偽を言ってはならない。まさしく商人は姦淫を行う者であり、姦淫者は地獄の者である。もしその人が真実を告げることがなければ。

また、法学の書では、リバーの罪は、「そのものとの関係が絶対禁忌である者との七〇回の姦淫以上の罪に当たる」とも言われている。

イスラームでは、労せず益する利子（不労所得）や投機（退蔵など）その他に対する強い警戒感がある。さらに、神与の自然が生み出すさまざまな財の扱い方については、個人の恣意が入り込まぬように慎重な態度をとる。そして、個々の人間が果たす経済上の役割、能力の発揮が疎外されないように注意が払われている。このほかに以上の議論において、個人の財産権の保証以上に社会全体（信者共同体＝ウンマ）の利益（マスラハ）に重点が置かれている点も忘れてはならない。経済の問題を論じる場合でも、このような倫理的規定を軽視してしまうと、イスラーム経済論は十分に理解できないであろう。

3　史的唯物論とイスラーム的世界観

話を元に戻そう。人間の生存の基底にあるのは物質的条件（特に経済的条件）なのか。したがって、人間の良心、感情などに至るまで社会的、経済的条件の産物であって、人間はこれを独立して制御できないのであろうか。史的唯物論は、二一世紀の現在、その真正性をほぼ否定されたと言える。しかしながら、宗教や哲学など人間の精神活動に関心を寄せる者にとって、この哲学が潜在的に内包する問題は、いまだに回避することはできない。これは第一に世界観（価値観）の問題であり、哲学の問題である。と同時に、モタッハリーにとっては、一九六〇年代のイランにおける現実の歴史の問題でもあった。すでに本章の第一節で概観したように、ツーデ党に代表されるイランの共産主義運動は、この時期に政府の厳しい弾圧を受けていて、表立った活動が困難な状況であった。しかし、隠然たる影響力は、その支持者、主として知識人を中心に存在していた。さらに、自由主義的な知識人の中には、イスラームと唯物思想を組み合わせて、論陣を張るグループすらあった。後進的なイランの社会、経済の状況を考えれば、物質条件の改善が生活条件の改善に直結すると考えられたのも無理からぬことであった。

だが、この状況におけるモタッハリーの立場は極めて微妙であった。つまり、まず親米的で「不正な」国王が反共活動をサヴァクなどの機関を用いて継続するのは当然であるし、モタッハリーのような宗教学者が反共思想を抱くのもこれまたもっともな話である。しかし、ウラマーたちの中で開明的な人々は、反国王派であるのに、両者は共に反共の点では一致しているのだ。さらに、反体制的知識人は親イスラーム的態度をとりながらも、そのイスラーム解釈は必ずしも伝統的教学とは合致しない。上記の通り、彼らのイスラーム解釈にはさまざまな西洋思想、なかんずく唯物的思想が入り込んでいたのである。

本節では、この複雑な関係をふまえた上で、モタッハリーによる史的唯物論批判の要点を紹介、検討しながら、これに対置されるイスラーム的世界観について解説したい。

〔1〕史的唯物論批判

モタッハリーの史的唯物論批判は、次の7点に要約できる。

① まず、史的唯物論とは、いっさい証明がなされていない「理論」に過ぎない。一般に歴史哲学の理論は、現在の歴史的事実に根拠を持ち、他の時代に拡張するか、あるいは過去の歴史的事実に依拠して現在、または未来に拡大するべきである。さらに、その理論を証明するために、真正の科学的、合理的、哲学的議論がなされねばならない。史的唯物論は、これらの条件をいっさい満たしていない。マルクスやエンゲルスの時代に生じた出来事は、いっさいこの理論では説明できないし、過去の歴史的事件を用いても同様である。

② 理論の提言者自身によって理論が修正されている。史的唯物論の基本が社会の基盤（下部組織）として経済を認め、その他を上部組織とする。そして、後者が前者に対する依存は一方的である。しかしながら、マルクス自身が自らの弁証法理論に関して異なった意見を述べている。それは「相互影響」の理論とも言えるもので、これは明らかに史的唯物論からの逸脱である。すなわち「相互影響」を容認してしまうと、物質と精神の関係、労働と思想、社会の経済基盤とその他の制度の優位の問題は無意味となってしまう。歴史の多くの局面で上部組織が重大な役割を果たすのであれば、経済的要因は唯一の決定的要素ではなくなってしまう。この点を説明するために、モタッハリーは、レーニンや毛沢東の見解を紹介し、現実の「社会主義」革命は、すべて先進資本

主義諸国ではなく、後進地域で起こった事実を鋭く指摘している。

③下部組織と上部組織の間の有無を言わせぬ関係の原則は意味をなさない。史的唯物論においては、社会の下部組織は、上部組織を知ることによって知ることができるし、逆もまた可能である。下部組織に変化が生じると、上部組織に変化が生じ、社会的均衡を失う。逆に下部組織が安定しておれば社会も安定を保ち、上部組織は手つかずの状態を保つ。この立場は現在の歴史状況を見ればその誤りが明らかである。たとえば、イギリス、フランス、ドイツ、アメリカなどの先進資本主義諸国では、資本主義が頂点に達している。しかし、マルクスが期待した新生児は九ヵ月（つまり臨月直前）を過ぎても生まれる気配はない。さらに、同じ資本主義とは言っても、たとえばアメリカと日本では経済のシステムは同じであっても、宗教、政治、道徳、文化、美的制度が異なるので、一律に論じることはできない。

④階級イデオロギーの基盤は一致しない。史的唯物論によれば、いずれの時代の上部組織も下部組織に先行することはない。この意味で、いずれの時代の知識も絶対的にその時代に限定される。しかし、信条や宗教は言うまでもなく、多くの哲学、人格、思想、知識は、時代や階級に先行して来たし、特定の時代の物質的要求によって形成された多くの思想は、時代が変わっても光輝を放ち続けている。

⑤文化的発展の独自性。史的唯物論によれば、政治、法律、宗教と同様に、文化的、科学的基盤

も経済的基盤に依存する。したがって、この分野が独自に発展を遂げることはない。しかし、現実には、生産手段から人間を差し引くと、生産手段自体が自動的に発展することはない。これは簡単な問題である。はたして人間が先に現れて道具を作り、生産するようになったのか、それともその逆かである。明らかに人間が先である。

⑥史的唯物論は自家撞着を起こしている。史的唯物論によれば、あらゆる思想、哲学、科学理論や道徳制度は特定の物質的、経済システムの表現であるので、特定の条件を満たさないとそれ自体価値はない。しかし、もしこの考えを史的唯物論自体に当てはめれば、この理論自体が特定の時代の産物と言うことになる。したがって、それ以前の時代にも、それ以後の時代にも何ら価値を持たなくなる。

⑦革命指導者は必ず被搾取階級から現れるのか。つまり、革命指導者は自分が属するより上位の階級の利害を代弁して要求を行うことはないし、逆に搾取階級の者が自己の階級に反する訴えを起こすこともありえない。この意味で、マルクスもエンゲルスも自らの社会的立場を理解していない。すなわち、両者共にプロレタリア階層の出身ではなかった。彼らは哲学者であって、労働者でなかったにもかかわらず、労働者の理論を構築したのである。

このようにモタッハリーは、史的唯物論に対する厳しい批判を行っている。一九九一年にソビエトが崩壊した現在、社会主義や共産主義に対する批判は何とでも言える状況であるが、一九六〇年代にイスラーム教徒の立場からなされた批判として、興味深いと思う。最後に、モタッハリーは、自身の論駁を次のように締めくくっている。

このように根拠のない、非科学的な理論が科学的理論として有名になったのは実に驚くべきことである。この理論が名声を博したのは、宣伝の巧妙さ意外に考えられないように思われる。

〔2〕イスラーム的世界観

以上がモタッハリーによる史的唯物論批判である。ではこの哲学者が史的唯物論に対置して考えるイスラーム的世界観とは何か。次にこれを検討しなければならない。しかし、その前に、これまで述べてきた全般的批判に加えて、当時のイラン社会に見られた具体的で深刻な問題に触れておかなければならない。すなわち、反体制、イスラーム陣営内部における唯物的傾向を持つグループの存在である。運動の指導者にとって、外部の敵と同時に内部の危険分子に注意を払う必要がある。また、内部に存在する緊張の弛緩も要注意であった。欧米の豊かな物質文化の流入と無神論的な雰囲気は、特に若年のイラン人の間で強く感じられた。その結果、イラン人の青年の間でイスラーム離れが進行していた。モタッハリーは、特にこの階層の人々をイスラーム陣営に呼び戻すために奮闘しなければならなかったのである。同時に、第2章で言及したアリー・シャリアティーとその支持者に対する対策も彼の念頭にあったと思われる。

このグループの人々は、コーランを用いて自らの主張を正当化しようとする傾向がある。たとえば、コーランの中に五〇ばかりの社会的に重要な意味を持つ言葉があるという。例を挙げれば、mala', mostakebran など、異教徒、多神教徒、偽善者と同一の配階層を表す語と、mostaz'afun, nas などのように、敬虔で廉直、改革者と同義の語があるというのである。

また、この人々は、コーランは nas（大衆）に向けられたものであり、（革命運動の）指導者や改革者、預言者などは、この階級から現れるという。さらに、預言者によって導かれる運動の性格は、下部構造的であり、その目的は正義、社会的平等をもたらし、社会的差別を廃棄しようというものである。コーランの中で、預言者に敵対する人々の論理は常に保守的で因習的、過去を振り返るものである。一方、逆に彼を支持する者の理論は、常に改革的であり、因習打破、未来志向的である。コーランは、ちょうど史的唯物論が弁証法的に予見しているように、被抑圧者と抑圧者の相克が、最後に前者の勝利であることを保証すると考えられている。

シャリアティー

以上が唯物主義的「イスラーム主義者」に関するモタッハリーの見解の要約である。彼は、論敵の議論を紹介、論駁するに際して、該当すると思われるコーランの章句を一々付している。以下においては、モタッハリーの反論を簡潔に紹介する。

まず、第一に、コーランが社会を相互に対立する二つのグループに分類するという考えは完全に誤りである、という。さらに、指導者や殉教者が貧困で抑圧されたグループから現れるという主張も誤っている。上で述べたマルクス、エンゲルスの属した社会階級の事例からも知れるように、その誤りの理由として、モタッハリーは預言者ムハンマド自身の経歴を挙げる。つまり、彼は確かに幼年期に貧しい境遇にあったが、ハディージャとの結婚後、商業活動に従事し、預言者であることを確信したときは裕福であった。史的唯物論の論理にしたがえば、このとき彼は現状を維持するために保守的な態度をとるべきであったことになる。

むしろ、このように物質的条件がすべてを決定するのではなく、モタッハリーは、

> コーランの見解では、精神が基本であって、物質はけっしてそれに勝ることはない。精神的必要や精神的牽引力は、人の物質的必要からまったく独立しており、これに依存していない。

と述べている。

第二の批判のポイントは、唯物主義的イスラーム主義者は自らの見解を補強するためにコーランを引用するが、重要な点で誤読が多いという点である。例としては、nas や shahid の語が挙げられており、前者が「大衆」を意味することはあっても、「抑圧された人々」に特化して用いられないこと、また後者は、預言者やイマームの伝承では「殉教者」を意味して用いられることはあっても、コーランではこのように使用されることはなく、そこでは「証人」の意味である点を挙げている。

次なる問題は、預言者の活動の重点がまず内なる精神的変革にあったのか、それとも外的な社会的、経済的変革にあったのかという点である。モタッハリーは、この点では預言者やイマームの対応の仕方は一定しており、調べれば簡単に判明する、という。つまり、彼らはまず、信仰、信念、精神的熱意を教え込むことから始め、人間の始まりと終わり（創造と終末）について想起させ、しかる後に社会、経済の改革へと進むのである、とする。

これに対して、唯物的イスラーム主義者たちは、先述の議論に基づき、宗教には二種類あって、一方は支配者の宗教であって、これはアヘンのようなものであり、多神教である。他方、被支配者の宗教は革命的であり、一神教であるという。

このように、彼らはマルクス主義の誤謬を証明したと考えている。しかし、実際彼らの言っていることがマルクスやエンゲルスの言っていることと矛盾することが分かっていないし、彼らの宗教の解釈自体が依然としてマルクス主義的である。つまり、彼らがマルクス主義者と異なるのは、支配者の宗教と被支配者の宗教という興味深い分類を思いついた点だけである。結局、宗教の階級的起源（すなわち、物質的条件に規定される）という点では、マルクス主義と何ら違いはない、とモタッハリーは言うのである。

これまでモタッハリーによる史的唯物論全般の解釈と批判、次いでイラン国内で活動する唯物主義的イスラーム主義者に対する批判を述べてきた。それでは、これらに対するイスラーム的価値とは何か。最後にこれをまとめたい。すでに他の章においても解説した彼の思想からほぼその概略は推測できるが、イスラーム的世界観の基本は、社会は精神的基盤の上に成り立つという考え方である。したがって、精神のあり方を根本から変える必要性が強調される。

アッラーは人間の方で自分の状態を変えない限り、決してある民族の状態を変えたりなさらない。
（一三章「雷鳴」一一）

モタッハリーは精神的基盤の重要性を説く根拠として、上の有名なコーランの一節を引用する。すなわち、アッラーは、民族（人々）の運命を彼ら自身で精神の状態を変えるまで、あるいは変えない限り、彼らの状態を変えることはない、と解釈する。人間にとって最も重要な問題は、自らの起源と現在の状態、さらに将来どこへ行くのかという哲学的問題である。とどのつまり、神的なものの起源と復活に思いをいたすことである。ムハンマドも、メッカでの三年間、預言者としての使命を果たすためにこれ以外の主題についてあまり語らなかった。これは人間の信仰と思想を純化する運動であり、結局のところ一神教に収斂する。預言者たちは、史的唯物論でいう下部組織の改造から運動を開始したのではけっしてなく、まず社会の上部構造の変革（精神の改革）を行い、しかる後に下部構造へと至ったのである。

人間はその内に神の精神の影を宿しており、天使たちも彼の前に跪拝したほどである。人間は動物的資質を備え持つ反面、流血、虚偽、堕落、卑しさ、圧政などに反発する純粋な性質を併せ持っている。このことを自覚することが肝要である。これが行われてから、人間は自らの個人的、社会的責任を果たさなければならない。つまり、具体的には、アッラーの運動に参加し、権利を剥奪されたイスラーム教徒のための運動への参加である。これがジハードである。権利の中には、私的な財の保護も含むが、このことは財を蓄えて貪欲になれという意味ではない。イスラームは人々に権利を守るように勧めているに過ぎない。

モタッハリーはさらに続ける。イスラームでは特別に選別された人種、階級、職業、地域、個人を容認しない。むしろイスラームの目指すのは、人間とアッラーとの正しい関係であって、その関係とは人間のアッラーに対する服従である。服従の条件は純粋な心であり、これはイスラームの前提条件である。神からの呼びかけは、純粋で責任があり、自然な生活を送る人々によって受け入れられる。

この意味で、最も資格を有するのが青年である。彼が若い世代を啓蒙活動の最重要な対象としていたことについては、繰り返し指摘した。

以上の議論から明白なことは、まず第2節で詳しく紹介、解説したように、人間の物質的な権利について、イスラームはこれを保証する点である。しかしながら、社会の構造を決定するのは経済的要因では断じてないことを強調する。重要なのは、むしろ史的唯物論でいう上部構造に属する事項であって、とりわけ人間の精神活動、人間の内なる改造がまず主張された。そして、その改造の基本こそ神と人間の正しい関係、すなわち人間の神に対する服従（イスラーム）だというのである。次章では、この人間の内なる改造という問題をさらに掘り下げるために、「自己を知ること」というイスラーム倫理の基本について、モタッハリーの見解を紹介しよう。

第6章……自己を知ること——イスラーム的「完全な人間」

一七〜一八世紀以降、近代ヨーロッパが確立した価値の基準は、「自立した個」としての人間であった。中世的神の支配から脱却した個人は、「自我」の自覚、個人としての人間に無限の可能性があると「信じた」。「新しい」人間の誕生に伴い、新しい価値観が徐々に形成された。新しい価値観は、新しい資本主義社会に適合した形で、自由、平等、利潤の追求などに究極の価値を見いだすことになった。

このように、倫理、道徳的価値をめぐる人間の営みには、時代に特有な要因（すなわち、社会、政治、経済的な要因）が作用する。また、倫理、道徳には、それぞれの民族に固有な表現を観察することができ、一様ではない。世界に存在した、また現在存在するさまざまな宗教、思想を一瞥すれば、一定の絶対的倫理的基準を見いだすことが容易ではないことが分かる。

以上の観察の真偽はともかくとして、世界に存在するさまざまな倫理・道徳思想の中には、絶対的な神の真善美は厳然と存在し、この事実を知ることこそが倫理の根幹であると主張する立場がある。けっして化石化し、枯渇した旧来の価値に固執するのではなく、現代社会の多様な問題群に対する解答を神の存在の内に模索する立場が確かにある。

モタッハリーがそのような立場を代表したことは言うまでもない。彼の問題意識の中心は、過度に成熟した西洋的物質主義、唯物主義、その結果として導き出された無神論の弊害を人々に知らせること、さらに病める現代社会で疲弊している人々に治療のための処方箋を提示することであった。彼のこの活動は、一九六〇~七〇年代のイラン社会を反映しており、結果的に七九年のイラン・イスラーム革命のイデオロギーの柱の一つとなった。彼が革命の精神的指導者ホメイニー師の基本姿勢を受け継いだことは明らかである。

第4章、第5章で明らかにしたように、思想家モタッハリーの最大の特徴は、近・現代西洋社会の思想的発展の経緯を十分にふまえ、その長所と短所を熟知した上で批判を行う点である。そして、西洋社会を凌駕する価値の体系としてイスラーム（特に、一二イマーム派シーア主義）を論じる点である。イスラームの思想家として、自らの宗教の価値を擁護する立場は否定のしようがないものの、彼の議論は単純な伝統墨守主義ではけっしてない。そこにはグローバル化した現代社会に共通する、人間が抱える深刻な問題と真摯に取り組む姿勢が貫かれている。伝統的イスラームの用語を用いながら、新しい問題群に取り組む独自の姿勢が見られるのである。この人物を取り扱うゆえんである。

本章では、モタッハリーの思想体系の中で、おそらく最優先課題であると推定できる倫理の問題を解説する。近代的な「個」の確立の問題と神への服従という一見矛盾対立する主題に、彼がどのように説明を加えるのか、検討したい。この問題は、次章で扱う信者共同体の指導者である宗教学者（ウラマー）の資質、資格の問題と密接に関わっている。

1　問題の糸口

モタッハリーの倫理・道徳問題に対する関心は、抽象的な哲学一般の問題としてより、彼が生きた時代の抱える特殊な条件と密接な関わりを持っている。もちろん、彼自身が体験した青年期の懊悩、生きる道の模索に起源を持つことは疑いえない（第2章参照）。しかし、彼の思索が真に開花するのは、精力的に執筆や講演活動を行った、一九六〇年代から七〇年代であることは、たびたび指摘した。彼は倫理の問題を超時間的に扱うことをしない。無論、神対人間における前者の絶対的優位という不易の関係は、いわば自明の前提であったとしても、モタッハリーは時代の特殊な問題を忘却することはなかった。

一例として、人々の間に蔓延する精神的疾患や精神分裂がある。これはいわば文明病であって、先進国のデータによれば、人類の物質的進歩や繁栄が増大すればするほど、ますます精神的疾患、精神分裂症が増大することが分かる、という。もちろん、このように述べることで、モタッハリーは物質的繁栄がなくなればこの病気を根絶できると考えているのではない。すなわち、現在人類が裕福であるからこのような病気や精神的不快感を持つようになったと短絡的に結論づける必要はないけれども、昔の人々は経済的により窮乏していたが、このような病気が少なかったことを考慮して、今は昔に比べてこの種の病気が多くなっている、というのである。特に若い世代に当てはまるという。

これは明らかに「白色革命」が推進される過程で、アメリカの影響力が強くなった事実を反映していると思われる。華やかなアメリカ文明に魅了される一方で、若者たちは確固たる方向性を失っていた。虚無主義や空虚感が若者たちの特徴となった。このような気持ちを持つことは、文明に背を向けることである、とモタッハリーはいう。若い世代は現実に存在するすべての問題を直視して、関心を示すことを怠り、人間でありながら人間性そのものを放棄してしまった結果、機械のような人間になっている、というのである。

この状況の中で、人間としての正しい生き方の模索が不可欠となる。すでに一九七九年の革命で西洋式物質文明に対して疑義が提示され、科学万能でも物質万能でもない価値の模索の端緒が革命的に開かれた。モタッハリーが七九年の革命に先立ち探求し続けた倫理とは、完全なる者（神）と人間との適正な関係に基づくものであった。現在人間の抱えるあらゆる艱難は、完全なる絶対者との正しい関係の断絶にその原因がある。したがって、完全者との関係修復を実現することが、何よりも優先されることになる、というのである。はたして、その修復が真の倫理・道徳を打ち立てることになるのか。その根拠は何か。本章では、この問題を「自己を知ること」という観点から検討する。この議論は、イスラーム、なかんずく一二イマーム派シーア主義では、「完全なる人間」論、理想的人間論として展開された。すべての者がこの目標を目指すべきであるが、より具体的には、共同体の指導者である者が常に自覚していなければならない目標なのであった。

さて、古今東西、文明化した人類の居住するところいずれにおいても、人の生きる道に関する知識、すなわち倫理・道徳に関する関心があった。モタッハリーによれば、世界には①感情（愛、同情）、②理性、良心、③力、権力、④神秘主義、⑤社会主義、⑥実存主義、など、さまざまな立場の倫理学説があるという。しかし、紙幅の制約によって、本章では③、④についてのみ概略して、イスラーム的立場を知る手がかりとしたい。ではまず、力（権力）に基づく倫理説について、彼の解釈を紹介、検討してみよう。

〔1〕力（権力）に基盤を置く倫理観

一般に生物界には、優勝劣敗の法則が存在する。人類も生物界に身を置きながら、しかし、極力この法則の行き過ぎた適用に歯止めをかけながら、強者と弱者の均衡を保とうとしてきた。しかるに、近・現代史における中東に関わる国際政治の情勢を見てみよう。一九世紀初頭以来、イギリス、フランスなど一握りのヨーロッパ列強によって大半の中東の国々（民族）は翻弄されてきた。その基本的原理は「力」であった。

この苦い経験を経た中東諸国の一つイランの思想家モタッハリーは、次のように述べている。力の倫理観によれば、敵を倒した方が正義であり、能力があり力のある者の行うことは、力があるという理由で正義である、と見なされる。このように、力を究極の倫理的判断の基準とする立場は、古代ギリシア時代から存在した。これと対照的な立場がキリスト教である。

モタッハリーによれば、力が真理であると主張したのは（近代）ヨーロッパ人であり、イタリア人マキャベリ（Nicclò Machiavelli／一四六九～一五二七）を嚆矢とする。マキャベリに続いて、一六世紀以降、イギリス人ベーコン（Francis Bacon／一五六一～一六二六）やフランス人デカルト（Rene Descartes／一五九六～一六五〇）などによって、自然を人間の手で繁栄させたり、自らの統制下に置くため物理学上の新知識の発見、ならびにその理論化が進められていた。彼らによって（特にベーコン）、新しい知識は性質そのものを変えてしまった。すなわち、もはや金銭を獲得するために知識を得ることは恥ではなくなったし、知識は生活の手段となってしまったのである。ベーコンの考えは当初誤ってはいなかったが、やがてすべては権力を獲得するためであると考えるようになったため、甚大な害悪を生み出すことになった。後に彼の力万能の思想は、特にニーチェ（F. Nietzsche／一八四四〜一九〇〇）の哲学思想に結実することになる、という。同時に、ダーウィン（Charles Darwin／一八〇九〜八二）の進化説は、この説の提唱者の本意とは異なった方向に向かうことになる。種の保存や生存競争などは物質主義的に解釈され、さらに社会、倫理にも適用されるようになったのである。たとえば、スペンサー（Herbert Spencer／一八二〇〜一九〇三）の社会進化論などがそれに当たるであろう。

以上の前提的考察を終えて、モタッハリーは力の倫理を最も極端に展開した人物としてニーチェを扱うのである。ニーチェにとって「完全なる人間」とはより強い者であって、その人物に「弱者の倫理」、すなわちキリスト教のような倫理観は存在しない、という。ニーチェの思想の本質部分として、大多数の人々を侮蔑し、エリートを正統と見なす点に注目する。また、自らの現世的欲望に従い行為することこそがニーチェの倫理であるという。人類は二種類に分類され、一方はエリートであり、他は隷属する者である。後者は前者の計画を実現するためにだけ存在する。世に存在する真善美は絶対的ではなく、すべての者が権力を切望すること、これこそが真理である。さらに、ニーチェの理解では、宗教は弱者の統制を効率的に行うために発明されたに過ぎない。したがって、キリスト教の倫理は奴隷の倫理なのである。

西洋人の間では、このように力を倫理の基盤に据える考えが流布した。帝国主義が世界で成し遂げたことは、まさしくこの原理に基づくのであり、西洋の精神、なかんずくアメリカや先進ヨーロッパ諸国の精神は、帝国主義であり、このニーチェの倫理なのである、とする。

これに対してイスラームでは力をどのように取り扱うのか。イスラームは力そのものを否定しない、とモタッハリーは言う。ただし、イスラームでは人間としての資質を向上させる、そのような力は当然容認するばかりか、積極的に勧めている。イスラームでは、信仰の敵と戦うこと（ジハード）は信者の義務である。しかし、敵と戦うとはいっても彼らの権利を侵害することは許されず、彼らの権利や彼らに対する正義をけっして忘れてはならない、と述べている。イスラームでは、多数派意見としてこのような「防衛的ジハード」が認められているのである。

このように、イスラームでは力は完全なる人間（理想的人間）を形成する手段の一つである。これに対して、ニーチェやその伝統を継承した近代西洋では、力のみを認める偏った立場がとられてきた、というのである。モタッハリーの議論は、極端に走らず、均衡を維持する（アドル）立場を一貫して堅持しようと努めている点を改めて想起したい。

〔2〕神智（イルファーン）に基盤を置く倫理観

私見では、モタッハリーのみならず、彼の師であり、その思想形成と人生そのものに甚大な影響を与えたホメイニーの思想について考察するとき、神秘的知識（神智、イルファーン）は、真の賢者（完全なる人間）の基盤であると考えられていることが分かる。イスラームの真の賢者は、何らかの形で神との直接体験を得ることによって、「神を知っている」のであって、この体験は「自己を知る」不可欠の条件であったと思う。真の神秘的体験者は、未経験者に比して完全な人間に近いと言える。そこでは、世界を「小人間」、心を「大人間」と呼び、世界と心が一つであると見なす。

樽の中にあって　川の流れの中にないものは何？
家の中にあって　街の中にないものは何？
この世界は樽であって　心は水の流れのようなもの
この世界が家であって　心は不思議の街である

すなわち、人間は物事の根源を探し求めるとき、その根源が存在するところを求めるのであって、その断片（部分）が存在するところを求めるのではない。この意味で、世界の不思議の根源は、現象世界に求めるより、その根源である心にこそ真の驚き（真理）がある、というのがこの詩の意味であろう。

しかしながら、このような立場と同時に、確かに人間の内面に至高の智があるとしても、外的現象世界がまったく無価値というわけではない。心が神を映す鏡であるように、自然も同様である。イスラームでは、人間と自然の関係を①農民と耕地、②商人と市場（バーザール）、③信者と礼拝所（モスク）の関係として提示するが、耕地、バーザール、礼拝所はあくまでも人間がこの世界で生きていくための手段であって、目的ではない。この世界はあらゆる意味で、自由を奪う鳥籠のようなものである。ただし、この状況から逃避する立場はイスラームでは承認しないのである。人間は自然の中においても進化するのであって、神秘主義者のように自己の世界に閉じこもってしまい、現実の世界から逃避してはならない、とモタッハリーは訴える。

このように、モタッハリーによると、神秘道についても、イスラームと合致する面とそうでない面がある。一般的に言って、人々の間で哲学的立場から「完全な人間」について議論されることは少ないにもかかわらず、神秘主義の立場からの議論は広汎に流布している、という。

この立場によれば、人間の持つ理性はまったく信用できない。「愛」が重視されるが、この愛は人間の内に生じて神に至る愛であって、しかもこの愛は人間のみに限定されず、あまねくすべての被造物に見られる。このような状況の中で、普通の賢者はこの世界を知り、これを眺めるだけである（すなわち、現象界を観察するだけで知識を得たと思い込んでいる）。しかし、真の神秘主義者の目的は、究極的に「真理の本質（＝神）」へ到達することである。もし人が自らの内面を純化し、愛の乗り物で旅し、より完全なる人間に至る旅程を通過するならば、彼と神の間に存在する幕は完全に引きあげられ、自らの解釈によって神に至るであろう。

モタッハリーによれば、このように神秘の階梯を経て神に至り、魂を浄化することについては、コーランにおいても容認されていることなので、いささかも問題はない。

これ、人間よ、主のみもとへ辿り行く汝の道は辛いけれど、必ずいつかは逢いまつる身ぞ（八四章「真二つ」六）

さらに、魂の浄化については、

栄達疑いないぞ、（わが魂）を浄らにする人。没落疑いないぞ、（わが魂）を汚す人。（九一章「シャムス」九―一〇）

と言われているからだ、という。

イスラームでは、基本的立場として、限定的ではあっても理性による知識、真理への接近を容認する一方で、内から湧き上がる神秘的知識をも、いわば自明の前提として認める。しかも、この真理（神智）の扉は、（普通の）人間にも開かれている。魂を浄化し、欲望を遠ざけることによって、人間の心を透明にするばかりか、それ以上に(魂の浄化によって)知識と智慧が人間の内側から湧き上がってくるのである。

モタッハリーの思想において「魂の浄化」の問題は、彼の倫理学のいわば出発点であり、到達点でもある。イスラームの「完全な人間」は真理に至る旅人である。彼がいったん神を見てしまうと、神は木の葉や天地、天空を見るより明白なものとして彼に現れる。ただし、繰り返しになるが、神を見るというのは現象界を観察するようなものではない。そうではなく、完全な人間は神を心の目で見る、という。神を見たことがあるか、と尋ねられたイマーム・アリーは、自分が見たこともない神を礼拝することなどありえないが、自分が神を見るのは頭にある目ではなく、心の目を持ってみる、すると神の存在が見える、と答えたという。

このように、イスラームでは神秘主義は極めて重要な位置を占めている。では、神秘主義の克服すべき問題とは何だろうか。モタッハリーが指摘する欠点とは、力(権力)に基づく倫理思想の解説において見たように、度を超えた極端な態度である。この逆を一言で言えば、「中庸」であり、均衡(バランス)である。ほどよくバランスが保たれた状態こそアドル(公正)の意義であり、イスラーム的価値の根幹である。

すなわち、神秘主義者たちはとかく理性に基づく合理的判断を軽蔑する傾向がある。イスラームでは、愛や修行、鍛錬を重視すると同時に、理性的推論を軽視しない。この点は特にシーア派に顕著である。モタッハリーによれば、コーランにおける「完全な人間」は、明らかに理性的側面が見られ、理性が彼の完全性の一部であることが分かる、というのである。すでに指摘したように、彼が問題視するのは、自己の魂の浄化に専念するあまり、現実の社会に対する関心を失ってしまう点である。完全な人間は、社会的人間でもある。魂を浄化するために改悛し、アッラーを崇拝し、讃え、断食し、平伏し、跪拝する人々は、同時に社会的関係の中で、「善を勧め、悪を抑える」人々でもある。神秘主義者たちの重大な誤りは、内面に耽溺することによって、外部に対して目を向けることを忘れてしまうことである。神秘主義者たちは、一方に偏りすぎた結果、均衡を失い、完全な人間ではありえない、というのである。

2　イスラーム的「完全な人間」

モタッハリーは、イスラーム倫理の核心は、自らの精神（魂、ナフス）を愛し、それに敬意を払うことだ、という。ナフスとは、原義として「自己」の意味である。ただし各人は、二つの自己（私）を内に有しているかのようである。すなわち、（コーランによれば）人間は一方で動物的面と、他方で神的魂を併せ持つ。真の「私」とは後者の私である。動物的「私」は、あくまで寄生的であって、本来の「私」ではない。真の「私」は、神の息吹を受けた天使的私なのである。

それでは、この両者の相違はどこにあるのだろうか。モタッハリーは言う。真の「私」はまさに倫理的意志であって、これは理性の支配の下にある。同時に、人間には自然的傾向（性質）があり、これに支配されるとき、私は私でなくなり、疎外された状況にある。

人は自己と闘わねばならないが、闘うべき自己とは「自分でない自己」である。それでは、自己でない自己とはいったい何を意味するのであろうか。モタッハリーによれば、自己であるように見えて、実は真の自己である自覚のない状態は、神を忘却することから生じるという。この点に、モタッハリーをはじめ、多くのムスリム思想家の思考の出発点がある。

アッラーを忘れ、おかげで己自身のことをすっかり忘れてしまった人々の轍を踏んではならぬぞ。あれこそ本当に罪深い人というもの。（五九章「追放」一九）

このように、イスラーム倫理の根本のところに自己喪失の問題がある。それは、基本的には、神との正常な関係を保つことの逆を意味するが、倫理の問題はこの正常な関係をふまえた上で、人間として何ができるかを問うことである。

本来の自己でない自己を示す一例として、吝嗇《けち》を取り上げてみよう。イマーム・アリーによれば、吝嗇な人とは真の自己を喪失した人間である。金銭や富が貴いものとして人生の目的になってしまった人は、金銭に溺れそこに夢を描く。金銭以外に自分はないのであって、本来の「私」を見失っているのである。

第2章で簡単に言及した『雄弁の術（ナフジュル・バラーカ）』にアリーの言葉として、

　驚くべきかな吝嗇の人は。富と財とに不足のない状態を求め、貧困から逃れようとしておりながら、実際には貧困に囚われている。この世ではまるで貧困で不幸で惨めな人間のように生活する。しかし、来世では、（現世で）裕福であった人のように取り調べを受ける。

と記されている。

引き続きモタッハリーは次の有名な話を引用する。つまり、ある人が家を建てようとして大工、設計士を夜間に建設予定地に送った。金も支払い、家も完成した。しかし引っ越してみると、その家は自分の土地に建っておらず、他人の土地に建てられていたという話である。

この話の要点は、人間がこの世に生きている間、自分自身を喪失してしまった結果、取り返しがつかない事態が待っているというのである。自分自身の土地とは何か。それが自己自身であり、悲惨な結末をもたらさないために、真の自己を知る必要があるというのである。そして真の自己とは、神の息吹、神的な精神なのである。

イスラームにおいて、真の自己とは、すべての人間に備わったこの神の息吹であり、人間の倫理的意識は、この「私（自己）」に起源を持つ。人間は澱みのような泥土ではなく、神的な精神である。人間はより高次な世界と自然的、物質的世界から成り立っているが、もし真の自己がなければ、倫理的感覚は人間の内に存在しないであろう、という。

しかるに、驚くべきことに、ヨーロッパ世界ではそうではない、とモタッハリーは言う。人間の内なる天使的精神の存在を認めようとしないからである。例外的にウィリアム・ジェームズ（William James／一八四二〜一九一〇）がいるが、彼は長年にわたる精神科医としての臨床検査に基づいて、人間存在の中に物質的傾向とこれと対立する善や智を求め、神を求める傾向の両面を認めている。このような例外的な立場があるものの、西洋世界では総じて物質主義に対する執着が顕著である。西洋では物質主義への傾向がキリスト教会への反動として生じている、という。

たとえば、教会の無知、復活、霊魂、神を誤って解釈すること、教会の閉塞状態、異端審問、自由と民主主義に敵対するなど、西洋人の間に敵対感情が生まれることになった。すなわち、神か科学か、神か快適な生活か、神か自由か、そして神か民主主義か、という選択である。この状況の中で、人々の中には神を選択する者もいたのだが、圧倒的多数の人々は別の方向を選択した。この物質主義の猛威は、さまざまな理由で西洋世界を捉え、今度は西洋から東洋へと拡大してきた、というのである。

東洋の人々は自分たちの（社会、政治、経済、文化的）条件が西洋とは異なるということを考えずに、徐々に物質主義の恩恵に執着してゆく。これはキリスト教会が自らの信条に対して抱いている執着と類似している。キリスト教会が理論的根拠もないまま自らの信条を正当化しているのと同じやり方で、今度は物質主義を宣揚してゆくのである。モタッハリーは、あたかも西洋人は物質主義が自分たちから取り去られて、中世に逆戻りするのを恐れているかのようだ、と慨嘆している。

以上のモタッハリーの分析は、一九世紀以降の西洋列強と中東イスラーム諸国との関係、さらにその背景として一七世紀以降、特に一八世紀からの西洋の華々しい技術的革新を考慮に入れた場合、筆者の認識とほぼ軌を一にする。本章の冒頭の部分でモタッハリーが解釈した西洋の近代倫理思想の一例として、力（権力）に基づく倫理観を概略したが、彼の思想の背景には「真の智慧」に至るイスラーム的智慧とは異なり、逆にこれと二項的に対立する要因として物質主義が配置されていることは、たびたび指摘した通りである。

もちろん、これは人間存在そのものの理解、ならびに人間の行動の理解、つまり彼の純粋な倫理学的関心に起源を持つことは言うまでもない。と同時に、一九六〇～七〇年代のイランの社会状況、特に若年層の疎外状況を考慮に入れなければ、十分に理解できないであろう。日本をも含めた非ヨーロッパ諸国の近代化の過程は、多かれ少なかれ西洋の物質文明にいかに対応するかということである。日本のように極めて柔軟にこれに対応し、「成功」を収めた事例もあるが、多くの場合、土着の文化、価値観との深刻な軋轢の結果、伝統社会で受け入れられてきた価値体系がなすすべなく自壊するか、あるいは結果の良し悪しはともかく、敢然とこの力強い勢力に立ち向かい自己主張するか、いずれかの選択が迫られる。

一九七九年の革命の評価をめぐる問題がここで生じてくる。おそらく、モタッハリーたちのイデオローグが表明しようとしたのは、一方で西洋の植民主義に対する主として政治的、経済的抵抗である。他方、本章の冒頭で示したように、彼らが築き挙げようとした思想、価値の体系は、過去の遺産（ここではイスラーム的価値）を極力取り込みながら、中・長期的な展望を見据えた独自の価値を提示する努力であったと考えたい。

では、ムスリムにとって独自の価値を構築する上で最大の問題とは何か。それは人間が自己を忘却してしまっていること、さらに自己でないものを自己だと思い込んでいること、これである。倫理とは人間が元の自分、真の自己に戻るための努力である、とする。モタッハリーによれば、この現代的に極めて重大な問題は一四〇〇年前にコーランの中ですでに述べられている事項である、というのである。

この問題を考える上で決定的に重要な点は、人間は数多くの被造物の中でも特別な位置を与えられている、というムスリムに共通する認識である。特にコーラン第一六章「蜜蜂」において顕著に見られるように、神はすべての被造物に恩恵を与えたが、人間には格別の恩恵を垂れたという。したがって、イスラームにおける人間の位置、とりわけ自由意志の問題を正確に理解することが重要となる。モタッハリーは運命と自由はいささかも矛盾しない、そればかりか、人間の自由は神ならびに運命を想定して初めて語ることができる、というのである。これはいったいどういう意味だろうか。

モタッハリーはサルトル（Jean Paul Sartre／一九〇五〜八〇）が「人間は一つの自由な意思である」と述べていることについて、人間は自然に屈服させられることなく、自然に打ち勝つ力を持つ。したがって、自然を変え、打ち負かすことができる。この意味で、人間は自然によってあらかじめ定められた型を持たない。すなわち、「人間は自由以外にいかなる自己も持たない」という見解には一理ある、とする。

このようにモタッハリーは実存主義的解釈にある程度の理解を示した上で、同じ問題をイスラーム的に解釈する。すなわち、イスラームの学者たちは、人間は自分で自らの存在を作ること、自ら自己の存在を選択できること、つまり人間は通常の自然物ではないことについて、論じてきた。創造されたものの中で、人間だけは例外的に存在しようと願う。

このような要求を持つ自己について、サルトル以上に巧みに議論するのがモッラー・サドラーである。彼によれば、コーランにおいて人間は強制的に人間であることを強いられているのではなく、自らを人間に作ることができ、自らを狼や、犬、豚、熊にでも望めば作り変えることができる。これはその人がいかに考えるかによる、という。

ああ兄弟よ、汝のすべては思念　残余は　骨と根だけ
そうであれば　汝の思念は　花と花園　そうでなければ　汝の枯れ草は炉の燃料

人間とは何か。答えは考えるもの。私とは何か。何について考えているか考えてごらん。真理について考えているなら、あなたは真理。神について考えているなら、あなたは神に似たもの。犬の仕業を考えているのなら、あなたは犬。このように、人間は自らの好むもの、まさしくそのようになってしまう。

宝石を求めるなら、鉱山。
　そうでなく、命を求めるなら、命。

　このように、モタッハリーの解答はとどのつまり、「自己を知ること」というテーマに逢着することになる。自己を熟知した人間、これが完全な人間であり、理想的な人間である。シーア派では人間の鑑として初代イマーム・アリーが認められていることはよく知られている。では以下でこの点を明らかにするために、『ナフジュル・バラーカ（雄弁の術）の研究』を参照しながら、イスラームにおける「完全な人間」像を具体的に眺めてみよう。

3　完全な人間アリー

モタッハリーのみならず、シーア派の思想家、信者の間におけるイマーム・アリーの位置は特異である。シーア派の存在根拠がこの人物にあるわけなので、アリーはまさにすべてのシーア派信者の倫理・道徳上の鑑である。本節では特に「世を愛すること」の問題を紹介、検討してみたい。なぜなら、この問題はモタッハリーにとって最重要な問題の一つである欧米先進諸国の物質主義（無神論）の浸透に対してムスリムはいかに対処すべきであるか、という基本的課題と密接に結びついているからである。

富と信仰の関係について、モタッハリーは言う。イスラーム史上、三代目カリフ・ウスマーンの時代に、イスラームの拡大に伴って巨万の富が流入した。これによって、それまで富を持たなかった者たちが突然裕福になった結果、イスラーム共同体の道徳が荒廃してしまった、という。すなわち、一般的に述べると、モタッハリーが人間の道徳的荒廃の出発点として、物質的豊かさを考えている点で、現今の資本主義社会における加熱競争とそれに付随する格差問題、人々の道徳的弛緩などを考察するのに示唆的である。

さて、アリーはこれを「富への耽溺」と呼び、「報復の禍」をもたらすと考えた。信者の鑑であるアリーは、生涯これと闘った理想的な人物であった、という。ただ、モタッハリーの議論が魅力的であるのは、このようなアリー像を単なる過去の理想的人物として無条件に賞賛するのではなく、彼の示した理想はあらゆる時代に適応できると考えている点である。アリーの時代が抱えた深刻な問題との類似性を現代社会に見いだし、今の時代を読み取り、そこで正しく生きる智恵を獲得しようとする試みである。モタッハリーの議論には、常に彼自身が生きた時代が反映されていた点は、たびたび指摘した通りである。

もちろん、イスラームの価値に忠実なムスリムである事実はいかんともしがたく、コーランやアリーをはじめとする他のイマームたちの言葉に議論の最終的根拠を求める点で、モタッハリーの議論には限界がある。とりあえずこの点を認めた上で、話を進めよう。

イスラームの基盤は神の唯一性（タウヒード）である。いかなるものも神と併置することはできない。この世界観では、運命を邪悪と見なすことはない。イスラームではこの世の事柄に関心を示すことが禁止されているという見解があるが、モタッハリーによれば、この立場は正しくもあり、また誤りでもある。つまり、これがこの世に対する感覚的な面を言うのであれば、正しいとは言えない。すべての人間の傾向性や感覚は、（神の）賢明な目的に留意しながら創造されているのであって、これは人間と世界を結びつける連絡路のようなものである。

真実はこうである。この世に対して関心を持つことの内容は、自然的本性的傾向ではない、ということである。関心や執着の意味は、この世的なものに縛りつけられており、その奴隷となっている状態のことであって、停滞し、行動を差し控えることであり、したがって静止状態であり、無の状態である。したがってこの世の崇拝と言われるのであって、イスラームはこれと激しく戦っているのである。これこそ創造の進化の秩序に対立するものであり、これと戦うことは創造の進化と合致するのである。

神の秩序に従って創造されたこの世界は、無益に作られたのではない。確かに人間は自己愛を持ち、自己を最高であると思い込む者として創造されていて、自己の欲望を極限にまで充足してくれるものを求める性質を持っている。

ここで、もし人間が正しく導かれず、自らを制御しなければ、彼と物との関係、「関心」は、「執着」「依存」へと形を変えてしまう。また、手段が目的に変容してしまい、「関係」が「縛り」「鎖」となってしまう。そして、運動、努力、自由が停滞、(自己)満足、奴隷状態になってしまうのである。

言うまでもなく、イスラームでは来世が信仰の重要な柱の一つであるから、この世はよりよい生に至る手段、あるいは修練の場に過ぎない。ここでイスラームの独特の論法が表明される。すなわち、モタッハリーによると、唯一の神を信じることに基礎を置きながら、①神の奴隷になることこそ自由になることであり、②神の内に自らを失うことは（逆に）自らに至ることである、③さらに、これによって真の自己を発見することになる、というのだ。

『ナフジュル・バラーカ（雄弁の術）』説教三二によれば、人間には二種類あり、一方は「この世の人々で、他方は「来世の人々」である。さらに、前者は次の四つに分類される。

① 柔和で羊のような性格を持つ人々。彼らにはいかなる腐敗もない。
② 欲望、権力のために努力する人々。富を持ち権力を得ようとする。あらゆる堕落がある。
③ 羊の服を着た狼。この世の人々であるが、来世の人々のふりをする人々。
④ 禁欲に対する強い願望を持ち、この願望を燃やすが、魂の惨めさがこの謙虚さをヴェールで覆い、禁欲の人々の衣服で現れる。

アリーはこれらの人々を、幸福と欠乏、ならびに行為と魂の観点から見て、まとめて一つのグループであると見なしている。つまり、彼らには共通する一つの特徴がある、というのである。それは、この世の物質的な方法で求め、行動する鳥のようなものであり、囚われた奴隷的人間である。すなわち、己の人格をこの世の営みに対する代価として支払い、この世のあらゆることのために支払う値を己の人間性と等しくするのは、良くない取引である、というのである。
結論として、モタッハリーは述べる。イスラームはこの世の価値を低くしたのではなく、人間の価値を高くした。イスラームはこの世を人間のために必要としたのであって、人間をこの世のために必要としたのではない。イスラームの目的は人間の価値を再び回復することであって、けっしてこの世の価値を損なうことを意図しているのではない、と。

4 自己を知ること——完全な人間

前節で述べた状況にある人は、自己を喪失した人であり、自己を忘却しているのである。アリーの言葉として次のものがある。

私には次のことが分かりました。人間は時々、「自己でない自己」と誤解して、「自己でない自己」を「自己」と考えます。「自己でない自己」を「自己」と考えるので、自分の考えでは「自己」のために従っていることが、実は「自己でない自己」のために行っているのです。そして、真の自己を放棄し、分離し、時には廃棄すらしてしまうのです。

さらに、アリーの次の言葉を引用する。

なくした物は探すが、「自己」を失っているのにそれを探そうとしない人に、私は驚いてしまう。

ただし、自己を忘却するというのは、単に人間が自己の本質について見誤ること、たとえば自己を肉的身体や時に地獄的（煉獄的）身体と見誤ることではない、という。そうではなくて、本来ならばすべての被造物は自らの性質の完成（進化）の道を進むのであって、弱い自己から強い自己へと進むのである。したがって、真の逸脱とは、真の完成への道を逸れて自己でない自己へと進むことである。そして、このような逸脱は、しばしば自分で選択できる自由な人間に起こる。その人は逸脱しているのにその自覚がない。その結果、真の自己を忘却してしまって、（自己）放棄してしまうのである。

人は好きなものを、たとえ石であってもそれが好きなら、その石に群がり集まる。
宝を求めれば、それが宝、命を求めるなら　命
私は求められている真理を明らかにしよう
　どんなものでもそれを求めているなら　それがそのものである

自己を知ることと、神を知ることは、結局、自己の原因、言い換えれば、創造者を知ることである。すなわち、人間は自己の原因と創造者を離れて正しく自己について考えたり、知ることはできない。あらゆる存在の真の原因（＝神）は、その存在に先立ち存在する。そして自己よりも身近に存在する。

我らは人間を創造した者。人の魂がどんなことを私語いているか、すっかり知っておる。我らは人間各自の頸の血管（一番近く、一番親密なものの譬え）より最も近い。（五〇章「カーフ」一五）

「自己を知る」という問題は、モタッハリーのみならず、彼の師ホメイニーを含めてイスラームの賢者にとって究極の領域に属すると思う。イスラームの神秘主義者たちの基本認識は、「自己を知ること」と「アッラーを知ること」は相互に切り離すことができないということである。自己を直観することは、神を直観することと切り離して考えることができない、というのがポイントである。この点にかんして、『ナフジュル・バラーカ（雄弁の術）』に次の逸話が紹介されている（「講話」一七八）

人々がアリーに、「あなたはご自身の神をご覧になったのですか」と尋ねたとき、答えて、「見てもいないものを信じるだろうか」と言った。そして次のように述べた、彼（＝神）はけっして目で見ることはできない。しかし、心は心の信仰を伴って、彼（＝神）の顕現を見るのである。

さらに、「講話」二一三で、

（神は）至高のご自身を記憶することを心の純粋さと光輝の根源と定められた。神を記憶することで、心はかたくなさの後、聞こえるようになり、盲目の後、見えるようになる。さらに、頑迷さから柔和になる。このように、一定の距離で神は僕たちと共にいて、彼らの考えにおいて囁きかけ、彼らの理性において彼らに語りかけてくださるのである。

こうして、モタッハリーの倫理体系の究極の領域において、神を知ること＝自己を知ること、という公式があることが分かった。神と人間が隔絶しており無関係であるというのではなく、それどころか自己を知るために神の存在が必須の大前提であると考えられている。どことなくデカルト主義を連想させる含みがあるように思われるが、これがモタッハリーの立場である。ただここで改めて注意を促したい点は、彼の議論はけっして形而上学的世界に遊んでいないという点である。再三指摘したように、モタッハリーの思想体系の背後には、確実に彼が生きていた時代に固有な現実の問題があった。

すなわち、イラン人同胞の精神的混迷である。主として欧米の「先進的」文化の無批判な導入によって引き起こされた危機的状況は、①彼自身その指導的構成員であるイスラーム的価値に対する脅威、②イランの伝統的社会的紐帯に対する脅威、③特に次代を担う青年層の間における疎外感に対する危惧、などに現れていた。

このように、モタッハリーの議論は時代が抱えるこれらの深刻な問題群に対する処方箋の一つとして行われたのである。さらに、これらの問題に対するモタッハリーの対応を精査するとき、単にイスラームやイランという限定された価値や地域だけの問題としてではなく、その地平ははるかに広く、わが国の抱える、また現代人の抱える深刻な問題群を考察する有益な指標を提供すると思う。

5 結語

モタッハリーの議論の特徴は、第一に、近・現代西洋の倫理思想に通暁していることである。該博な知識に裏づけされた批判は、一方的に西洋のものであるから拒絶するという狭隘な視点から問題を眺めていない。もちろん、最終的にムスリムの宗教学者（ウラマー）として唯一絶対の神の存在を容認する点は認めざるをえないとしても、批判する対象の依って立つ立場を理解した上でこれを極力理性的に批判する態度は、注目に値する。感情的な議論でないので、イスラーム教徒でなくともその主張を理解し、また批判をすることも容易だろう。

第二点は、モタッハリーの哲学的議論は、あくまで彼が生きた時代（特に、一九六〇～七〇年代）のイランが置かれていた条件を如実に反映していることである。時代の社会、政治、経済的条件をいっさい無視した机上の空論ではなく、この時代のイランが抱える深刻な問題に何らかの解答を与えようとしている。この時代にイラン人、なかんずく青年層の疎外感は深刻であった。欧米の物質文化の影響が怒濤のように荒れ狂う中で、どのように青年たちに自己を回復させ、自立させるかという問題をめぐって、彼は腐心している。イスラームの学者として提示する解答がイスラーム的伝統に根ざす点は改めていかんともしがたいものの、モタッハリーの立場は、第一の特徴で少し触れたように、頑迷な伝統墨守の立場をとっていない。イスラーム優位の原則は崩れないが、時代の要請に応えるために、青年層の理解しやすい用語と実例を用いて説明している。

さらに、第三点として筆者が関心を持つのは、彼の議論はわが国をはじめとする先進資本主義諸国の物質主義の行き過ぎに対する、深刻かつ真摯な警告となっている点である。具体的には、イラン社会に混乱をもたらした欧米の物質文明の受容に伴うさまざまな弊害を指摘する。モタッハリーの結論は、究極のところ「中庸」に尽きる。イスラーム的に言えばアドル（公正、正義）である。彼は現代社会が抱えるさまざまな問題を考察したが、いずれにおいても極端な立場をとらないことが最善であるという、古今東西、ほぼすべての賢者が行き着いた、ある意味で陳腐な結論を繰り返している。

この結論を否定する人はいないだろう。問題は彼の議論の提示の仕方とタイミングである。資本主義が「成熟」し、人々が己の欲望の充足こそ幸福への鍵と信じて疑わない状況の中で、一部の「成功者」を除き、むしろ問題の数と深刻さは鰻登りに増大しているのが現状である。この状況の下で、物質的欲望を究極の価値とする立場を、精神の立場の優位、さらに両者の均衡の立場から批判し、現状の不均衡を是正しようとすることが肝要であると思う。もちろん、このように解釈するのは日本という先進資本主義の国で「平和に」暮らす者の身勝手かも知れない。イラン人にはまったく異なった解釈があるのも事実である。

いずれにせよ、欧米諸国でモタッハリーが提示したようなイスラーム的立場が本気で顧みられる兆候は今のところない。私見では、重大な可能性を含むと思う。一九七九年の革命で果たしたイデオローグとしての彼の役割を考慮すると、革命そのものの評価に関わる根源的な問題であると言ってもよいだろう。

第3章〜第6章で、モタッハリーの思想をさまざまな角度から説明した。残る作業は、これらの思想が七九年の革命にどのように関わっているかを知ることである。次章では、これらの思想を実現する指導者としての宗教学者（ウラマー）の役割について、彼の立場を考察しよう。

第7章……イスラーム的民主主義とは何か
——近代西洋的価値への挑戦

「モッラー・ナーセロッディーン理論」という「理論」がある。モッラーとはイスラームの下級の宗教学者、ナーセロッディーンは名前である。中東の人々の間で少し間の抜けた登場人物として知られている。ある日、モッラーが自分の騾馬に乗って道を行くと、突然、駄獣は道ならぬ方向へ駆けだした。これを見た人々は、「いったいどこへ行かれます」と尋ねる。これに対してモッラーは、「実は自分には分からんのじゃよ。行き先はこいつに聞いてくれ」と、騾馬を指して答えた。これは、愚かで本能のままに行動する駄獣（大衆）に身を任せて、己の行き先すら分からない人物（国家、社会）の戯画化である。西洋の民主主義を揶揄している。

一九七九年に成就したイラン・イスラーム革命は、まさに衝撃的事件であった。「はじめに」でも

モッラー・ナーセロッディーン

述べたように、すでに三〇年以上が経過した。そろそろこの事件に対する評価が下されても良い頃である。この「革命」が提示したさまざまな問題点の中で、先進西洋諸国、特にアメリカ合衆国の行き過ぎた物質主義と力の政策に対して、イスラームの名の下にイラン人が断固拒否の意思表示をした点が指摘できる。ただし、イスラームはけっして近代科学の成果を全面的に否定するのではなく、この革命は近代西洋文明の行き過ぎ、破壊的な側面に対する新しい価値を提示しようとする企てであったと理解できるだろう。一九六〇年代からモタッハリーが繰り返し主張していたような、「社会主義でも資本主義でもない中道の立場」「現実的立場」「全方位を眺める立場」については、これまでの章で具体的にある程度明らかにしてきた。

イスラームでは、現実の一大変動（革命）において、物質的条件（マルクス主義でいう下部構造）以上に精神的条件（宗教的、思想・哲学的条件＝上部構造）の優位を自明の前提とする。最も優れた例として、通常、預言者ムハンマドの事例が挙げられる。この意味で、七九年の革命前後の状況を調査・分析する過程において、社会、経済的要因が重要であることは言うまでもないとしても、運動の背後にある価値（イデオロギー）の体系に関する調査は、一定の条件の下では物質的条件以上の重要性を持つ。

この問題を論じる過程で、必然的に「法学者の代理統治（ヴェラーヤテ・ファキーフ）」論に至るであろう。私見では、この議論は法学者を代表とする宗教学者の政治的支配の問題と同時に、彼らの学識ならびに倫理性の高さの問題とも直結している。神（アッラー）→預言者（ムハンマド）→イマーム→法学者というシーア派共同体の指導権の承認・委譲の系譜をめぐる問題群は、不明瞭な事項が多いものの、旧来の西洋式民主主義に対して「新しい民主主義」を考察するたたき台としての可能性を内に含んでいる。はたして、西洋の民主主義は騾馬の赴くままにいずこにたどり着くかも知れぬ国家（社会）のカリカチュールなのか、それとも真に「イスラーム的民主主義」は存在するのか。これらの問題を論じる糸口として、本章をまずモタッハリーの反米論から始めよう。

1 一国の自由と独立

一国の自由と独立について考えてみると、自由にはいくつかの段階がある、とモタッハリーは言う。たとえば、子供は親の監視の下にあり保護されているために自由がない依存の関係にある。一方、奴隷はまったく自由がないし、西洋中世の農奴はまったく自由がないわけではないが、土地に縛られていた。同様に、今、世界の国々を見てみると、名目上独立はしているものの、実は真に独立していない不自由な国がある。たとえば、イランについて言うと、アメリカはシャーの時代にペルシア湾に強い関心を持っていた。この国の関心は石油であって、イランの石油を買うのにドルで支払い、イランはそのドルを使ってアメリカの武器を購入していた。当時イランは、これは自国の力でペルシア湾を護るためであると言っていたが、実際はアメリカの利害を護るためであったに過ぎない。この偏った政策のために、イランの農業は衰退し、結果、小麦や砂糖、肉などを外国から買うことになり、国にとって必要な物資の九五パーセントを輸入に頼ることになってしまった。

モタッハリーは続けて言う。真の独立とは、政治、科学的知識、経済の独立であり、さらにこれ以上に重要なのは、文化的、思想的、主義主張の独立である。つまり、自らのために考え、自らのために文化を築くことである。帝国主義は恐ろしいものであるが、最も危険な帝国主義は、文化的帝国主義である。つまり、帝国主義的支配を行うのに、あらかじめ帝国主義的志向を持つようにし向けておくことなしに、経済、政治的支配が可能なのかどうか、問うている。彼によれば、(アメリカは) まず自分たちの思想にイラン人を引き込む。新しい物好きの人々を作り出して、自国の文化をつまらないもののように見せかけて、外国の文物に魅了させられるようにし向けるのである。

今日、技術や知識の多くは世界中で共有されているため、一国のみがある知識を占有することはできず、共有する部分がある。しかし、イデオロギー、生活の習慣などはこれとは異なり、それぞれの国はそれぞれの流儀で考え、意見を述べる。このようなことができない国は、残念ながら外国の奴隷となるしかない、というのである。

モタッハリーによれば、イランはそのような独立を持たない国であった。イランには自由主義、共産主義、折衷主義(例、実存主義とイスラームの折衷) など、さまざまな思想が流れ込み、混乱した状態であった。すべて、西洋の思想に傾倒することによって、自己の思想の独立性を失ってしまうのである。たとえば西洋の弁証法や共産主義がイスラーム的である、などという者がいるが、この思想が宗教を根底から覆すものであることが分からず、飛びついてしまうのだ、という。

こうして、結局、シャーの体制を転覆したとしても、そして経済的、政治的独立を獲得しても、文化的独立を手に入れないと、敗北してしまう。イスラーム的世界観と近代西洋の世界観を類比したがるのは一種の病気である、と述べている。その典型的な例は、コーランを調べた結果、西洋の考えと類似のものがあるというような態度で臨むことである。モタッハリーによれば、コーランを外来の思想で読み替える者、この者は無意識のうちに帝国主義に荷担する者であり、このような者は、政治的あるいは経済的帝国主義に荷担する者より、荷担の度合いがより大きいのであり、国家に対する反逆はより大きい、と厳しく批判する。彼によれば、「宗教がまず来て、見えざるものに対する信仰が芽生える」のである。その結果、精神の規則を用いて、物質の法則に逆らってでも行動する様になる、と述べている。そして、これらすべてについて記憶すべきは、自分たちの主義主張の独立を維持することである、と要点を述べている。

では、イラン人の間でこの主義主張を保持し、解説する任務を帯びるのは誰か。指導者論である。次にこの問題について考えてみよう。

2 イスラームの指導者論

指導者論は、イスラームの政治、民主主義の問題を論じる際、決定的な重要性を持つ。モタッハリーは、『イマームの役割と指導者』の冒頭で初代イマーム・アリーの言葉を引用しながら、イスラーム共同体では神の唯一性、預言者に関する問題では異論はなく、真の問題は、コーランやイスラームの命じるところによれば、預言者ムハンマドが特別な後継者をあらかじめ認定していたのか、それとも彼の後継者は人々によって選定されるのかという点である、と述べている。このように、イスラーム社会では最も根源的な問題として指導者の問題が位置づけられている。ここでは、スンナ派との違いはない。

このように、シーア派はスンナ派と共通点を持っているが、シーア派（一二イマーム派シーア主義）にはそれ独自の特徴があるという。つまり、「預言者性」と「イマーム性」という言葉があるが、モタッハリーによれば、前者は「案内者性」であり、後者は「指導者性」である。両者とも神に任命されるため、預言者ムハンマドや幾人かの他の預言者は案内者であり、同時に指導者である。ただし、神の案内人が亡くなっても（預言者ムハンマドが没しても）、神の指導者の役割が終わることはない。このように、指導者の役割を継続することが極めて重要であることが強調される。

では、誰がその指導者の任務を負うのか。また、その指導者としての役割は何か。モタッハリーによると、前者に対する答えは預言者ムハンマドの末裔（すなわち、イマーム）であり、後者は現実の諸問題（特に政治）と精神の領域を分離しない指導である。

この点に関して、後の議論と関わってくるので、少し長いが彼の基本的見解を引用する。

イスラームは外面的ならびに精神的なあらゆる事柄を内に含む人類の生き方である。それは倫理や哲学ではなく、社会に対して単に幾冊かの書物や幾人かの学生を残すだけではない。イスラームは、倫理的、文化的学派、ならびに社会、政治的システムであることに加えて、それは新しい生活の規律であり、新しい思考の方法、新しい組織を生み出す。イスラームは物質の中に精神を保持し、また可視的なものの中に不可視的なものを、現世に来世を、さらに外皮の中に胚芽、胚芽の中に外皮を保持するものである。

政府が本来の進路を逸脱してしまったために、カリフ制度は単なる外皮になってしまった。つまり、外的な形式は手つかずのまま放置されたが、敬虔、誠実、公正（正義）、誠意、愛、平等、知識と科学などの精神は存在しなくなったのである。この状況は特にウマイヤ朝に妥当し、その時代においては真の知識は軽視され、奨励されることはなかった。奨励されたのは、詩とイスラーム以前の慣習、ならびに先祖を誇ることのみであった。その結果が政治と宗教の分離であった。言い換えれば、イスラームの精神的遺産を代表する者たち（つまり、ウラマー――筆者）は、政治問題に関与することは許されなかったし、政治権力を持った者は、イスラームの精神と無縁であって、たとえば集会の礼拝や、イスラームの義務を果たすために役人を任命するという外面的な形式を遂行したに過ぎなかったのである。彼らは名ばかりのカリフであり、信者の長であった。ついには、この二元性すら消えてしまい、外面的形式もなくなってしまった。政府の形態も公式にイスラーム以前のものになってしまった。精神性と宗教性は、完全に政治と切り離されていたのである。このことから分かるのは、イスラームに対する最大の打撃は、宗教と政治が互いに切り離された日から始まったということである。確かに、アブー・バクル（初代カリフ―筆者）やウマル（二代目カリフ―筆者）の時代には、宗教と政治はある程度相携えて存在していたが、両者の分離の種は、すでにその時代に蒔かれていた。こうして、ウマルは誤りを繰り返したが、イマーム・アリーは、通常、彼（ウマル）の助言者であった。宗教と政治の分離は最大の懸案事項であったので、（アリーのような）イスラームの心ある人々は、それらを分離することなく保つことを願ったのである。両者の関係は精神と体の関係である。体と精神、（種子の）外皮と胚芽は統合されていなければならない。外皮は自身が力を獲得する源である胚芽を保護する必要がある。イスラームは政治、政府、政治的立法、ジハードの重要性を認めるが、それはイスラームの精神的遺産を守り、保存するためである。すなわち、神の唯一性、精神的、倫理的価値、社会正義、平等、人間の感情への配慮など、（イスラームの精神的価値を）護るためである。もしこの外皮（つまり、政治、政府など）がその胚芽から分離されると、胚芽は害を蒙り、外皮は無益なものとなるだろう。

ここでは、西洋の政治の金科玉条である政教分離の原則に対して、政教一致、すなわち両者が相即不離の関係にあることが強調されている点を記憶しよう。そして、この任務を果たす責任を帯びた人物がイマームである。この点でも、アリーを特別視する点を除けば、スンナ派とさほど大きな違いがあるわけではない。

3 スンナ派との相違

モタッハリーは、第2章で紹介したボルージェルディー師などの見解を継承しながら、スンナ派との異同を認めた上で、シーア派（シーア主義）の特徴を論じている。一言で言えば、両者の相違の根源はイマームの役割の解釈をめぐるものだ、というのである。すなわち、シーア派では、イマームの役割を宗教の核心的原則とするのに対して、スンナ派では付随的なものと見なす。イマームの役割は、神の唯一性、預言者、公正、復活と共に、シーア派で宗教の五原則として認定されている。アラビア語では、イマームの字義的意味として、礼拝の導師や、指導者を意味したりする。しかし、シーア派とスンナ派では、誰がイマームであるか、またどのような資質をその人物が備えているかについて、決定的に見解が異なるのである。

イマームの語の最も重要な意味として、預言者ムハンマド亡き後の共同体の指導者であることがある。スンナ派もシーア派も共同体に指導者が必要である点では、異論はない。両者の相違の第一は、シーア派では、ムハンマド自身が後継者を定め、彼の後はイマーム・アリーがムスリム全体の問題に対する任務を帯びたと考える点である（ガディール・フンム事件、『シーア派イスラーム――神話と歴史』七〇～七一ページ参照）。一方、スンナ派では、この見解を受け入れないことは言うまでもない。彼らによれば、預言者ムハンマドはいかなる特定の人物をも後継者に任命せず、したがって信者たちが自らの指導者を選ぶことは、彼らの義務である。スンナ派では、ムスリムが指導者を必要とする場合に指導者の役割の原則を認めるが、ただ、彼らの言うには、その指導者はムスリムによって「選出」されねばならないのである。

第二に、シーア派によれば、ムハンマドはアリーを自らの後継者として訓練し、イスラームに関するあらゆる知識、少なくともあらゆる一般的原則、規則について教示した。この意味で、アッラーは明言していないが（つまり、コーランには明記されていないが）、アリーは預言者同様、無謬であると言える。したがって、イマームの役割は特殊な能力であって、高級宗教学者（モジュタヘド）が獲得する専門的な知識や能力とはまったく異なるものである。

第三に、イマームの役割はウィラーヤ（真正な権威）の観点から論じなければならない。シーア派では、すべての時代に人間のあらゆる良き資質を備えた完璧な人間が、預言者の後継者として存在する点を強調する。シーア派では、イマームは「時代の主（八七四年に「お隠れ」になって、今も共同体を支配し続ける最後のイマームのことである）」であって、世界には常に完璧な人がこれまでもいたし、これからも存在するであろうことを信じる。そして、この資質は一二人のイマーム全員によって保持されるというのが、シーア派の宗教的信条の核心部分なのであり、ここでスンナ派と截然と区別される。

4 イマームの役割

以上から分かるように、モタッハリーの解説は一二イマーム派シーア主義の全般的立場を基本的に踏襲している。では、スンナ派との比較の下に明らかにされたシーア派イスラームの特徴をふまえて、さらにイマームの役割について彼の解説を追っていこう。

イマームの役割の枢要な部分に統治の問題がある。すなわち、預言者亡き後、統治の責任は誰がとるのかという問題である。記述の通り、イスラームでは統治権は世襲的か、または、人々（一般の信者）が統治の問題に容喙できるのか、という問題があった。

モタッハリーによれば、イマームの役割が単に統治を意味するのであれば、スンナ派の考えの方が魅力的であるという。なぜなら、スンナ派では統治者は自らの後継者を選ぶ権利をもたず、彼の後継者は人々によって民主的に選出されるべきであると考えるからである。「しかし」と、モタッハリーは言う。問題はさほど簡単ではない。つまり、イマームは一二人しかいないのであって、最後のイマームの後いったい誰が統治の任務を帯びるのか。単純に有能な政治家が彼の後を継げるのか。彼は無謬であらねばならないのか。また、イスラーム法に十分に通じていなければならないのか。あるいは、人々の相談相手でなければならないのか。モタッハリーによれば、これらの問題はすべて問題を狭い角度から眺めることから生じるという。では、イマームの役割とは何なのか。

モタッハリーは、預言者の後継者としてイマームの役割の中で最も重要なものは、宗教の解説機能であるという。イマームの役割に預言者のような啓示を受ける権能を含まないことは言うまでもない。預言者ムハンマドとイマームの唯一の相違は、前者の述べることは啓示に基づき、後者の言うことは預言者から学んだことに基づく、ということである。ただし、学ぶというのは通常の意味で教示されたということではなく、「預言者により私に対して知識の扉が開かれ、それによって千もの扉が開かれた」、とイマーム・アリーが言っているような意味においてである。「サカラインの伝承」が示すように、預言者がムスリムを導く源泉は二つあって、一つはコーラン、他は預言者の末裔であった。コーランが無謬ならば、当然他方も無謬でなければならない。なぜなら、預言者が人々に対して過誤を犯すような人物から宗教を学ぶように勧めるとは考えられないからである。すなわち、イマームは無謬であって、通常の政治家や指導者とは異なる。スンナ派との解釈の最大の相違点はここにある。

さらに、イマームの役割が正しく認識されれば、類推（キャース）の必要がなくなる、という。シーア派の伝承を見ると、コーランと伝承に十分な根拠を見いだせない場合、あたかも類推が可能であるかのようだが、これはイマームの役割を考慮すると明らかな誤りである。なぜなら、信者たちは直接的に、また聖なる預言者の末裔を通じてすでに十分に預言者の伝承を持っているので、もはや類推に頼る必要はないからである。シーア派では、四つの真正なイマームの伝承集が認定されている。

イスラームは単なる信条ではなく、その教えの創始者がイデオロギーを明らかにしている。では、この教えを実践するために統治を必要とするとき、いったいどのように統治するのだろうか。つまり、こうである。指導者や統治権という観点から言うと、イマーム・アリーは預言者によって格別に任命されたわけであるから、この人物はまったくの別格で、他の人々と対等に置くわけにはいかない。選挙や選考会議などが入り込む余地はないのである。これは他の一一名のイマームについても同様である。

ただし、最後のイマームがいなくなった後、問題が生じた。なぜなら、無謬なイマームが「お隠れ」状態にあるので、世俗的権力を行使する者がいなくなったからである。それでは、統治者は共同体におけるすべての必要事項を果たすことのできる法学者でなければならないのだろうか。それとも、そのような者は不要なのか。あるいは、統治者は人々が選出するのだろうか。

これらの問題に対して、筆者の見る限り、モタッハリーは明確な答えを提示していないように見える。ただ、これまでスンナ派の特徴に関する議論で明らかなように、彼は人々の選挙による選出には消極的である。むしろ、生けるイマームも、逝去したイマームも共に精神的ウィラーヤ（真正な預言者の権威の後継者であること）の発露であるので、信者がイマームに（彼らの聖所などで）挨拶（巡礼）すれば、彼らの方で答えてくれる、と述べるだけである。すでに第2章で彼の経歴について述べたように、これはおそらく、一九六〇年代半ば頃の社会、政治的状況の反映であると推察できる。この頃は、イスラーム革命の可能性はいまだ想定外であり、必然的にモタッハリーの見解も不明瞭なのだと思う。しかし、一九七九年の革命前後になると、彼の見解はこれまで以上に具体性を帯びてくる。宗教学者主導の革命運動が進展し、イマームの「お隠れ時代」に法学者の果たす役割が現実の議題として取り上げられる事態となったからである。

イスラーム革命前後のモタッハリーの立場は、『イスラーム革命をめぐって』に収められた講演録やインタービューである程度知ることができる。以下、本書に基づき彼の立場を検証してみよう。

5 イスラーム革命と法学者

革命後の政治において果たす宗教学者の役割について、モタッハリーの見解を述べる前に、革命政府の意味づけに関する彼の基本的な考えに触れる必要がある。まず、新しい政府は共和制の形態をとっているが、同時にイスラーム的である、という。つまり、新体制の中身がイスラーム的なのであって、共和性は政府の形態に過ぎない。イスラーム的というのは、この政府がイスラームの原則と規則に従って運営されるということである。

反対者の中には、国家がイスラーム的になれば人々はイスラームの原則を信じて、この原則を有無を言わせず認めさせられることになり、そうなると、民主主義は危機に陥るという者がいる。この点で、モタッハリーは次のように問い質している。はたして、民主主義の意味とは人がいっさいの信条を持たないことなのか、たとえば、一定の知識、論理、哲学について有無を言わせずに認めさせることは、民主主義に反するのか、それとも（自らは）多数決の原則を信じてもいないのに、それらを人々に有無を言わせず認めさせるが、思想信条について選択の自由（ものを尋ねる自由）を与えないことなのか、後者こそが非民主的なのではないのだろうか、と。したがって、イラン人の大多数がイスラームを信条として持つことは、何ら誤りではない。誤っているのは、大多数のイスラーム教徒がこの信条に与しない少数派に対して疑問点を問い質す許可を与えないことである。モタッハリーがこのように主張する根拠として、新政府の指導者（つまり、ホメイニー）がイスラーム教徒である圧倒的多数の人民によって承認された事実の裏づけがあった。モタッハリーによれば、新政府は十分に「民主的」なのである。

モタッハリーは、法学者の統治権について、他の宗教学者のように法学的伝承学的証明を行っていない。しかし、その立場は明瞭である。すなわち、イスラーム共和制における法学者の統治権について、ある人は法学者の専制であると主張し、これは国民の統治に反するという立場がある。しかし、立憲革命（一九〇五～一一）においてもそうであったように、（一九七九年二月頃提出の）「基本法のアウトライン」は、イスラームの原則に従って作成されているので問題はない。つまり、五人の一級の法学者が臨席することによって、監視するという規定は、立憲革命期にも「基本法補遺」第二条に定められており、基本的に民主主義の精神に反していない、というのである。

重要な点は、人々が自ら法を実施することである。自ら制定した法を実施すること、あるいは、一つの哲学に従って制定されたと考えられる法を実施することである。イラン人は、その哲学、信条（つまり、イスラーム）を受け入れたのであって、後は啓示によって与えられた統治を実施することである、とモタッハリーは述べている。

信仰（イスラーム）が人々の重大な権利であることが誤解されているのは、民主主義の解釈に関わっている。すなわち、イスラーム体制に反対する人々の民主主義とは、一九世紀的西洋の民主主義であって、その時代には、人々の関心は主として衣食住に関わっており、思想信条が人間の重大な権利の一つであることが完全に忘れられているからだ、というのである。

ここにイスラーム革命のもう一つの意義がある。すなわち、イラン人民が圧倒的多数でイスラームを承認したことは、単に（西洋の）政治的支配、経済的帝国主義に対する抵抗ではなく、本章の初めで示したように、西洋の文化、イデオロギーの支配、押しつけに対する、また欺瞞的な自由、民主主義、社会主義、文明、刷新、国王が大仰に掲げた「大いなる文明」など、西洋追随政策に対する蜂起であって、これを実現するために、人々はイスラームを選択したのだ、という主張である。

この主張が多くの難題を含むことは明らかである。筆者も当時から、幾人ものイラン人から、自分たちの今ほしいものは宗教や理想ではなく、現実の仕事であり安定した生活であるという話を聞いた。けっして無視できない訴えである。しかし、同時にわれわれは、一定の距離を置いて七九年の革命の歴史的意味を探ることを怠ってはならないだろう。今はこの作業を続けよう。

このように七九年の革命を意味づけながら、モタッハリーは「法学者の代理統治ヴェラーヤテ・ファキーフ」の問題を論じているのである。すでに述べたように、少なくとも革命前後から暗殺に至る（七九年五月一日）段階で、政府における法学者の役割について、彼の立場は極めて明白である。『イスラーム革命について』の中で、

また、議論されている「法学者の代理統治」の問題も同様でございまして、「法学者の代理統治」とは、法学者が自ら政府の長になるとか、実際に統治するという意味ではございません。あるイスラームの国、すなわち人々がイスラームを一つのイデオロギーとして承認し、それを受容している国において、法学者の計画（政策）は、一つのイデオロギーでございまして、統治者の計画ではございません。イデオローグの役割とは、イデオロギーの正しい行使を監視することでありまして、（法学者は）法の実施能力、ならびに政府の長としてイスラームのイデオロギーを完遂することを望む人々を監視検閲するのであります。……

と述べており、モタッハリーは「法学者の代理統治（ヴェラーヤテ・ファキーフ）」の解釈について、法学者が政府の役職を掌握し、直接関与することについては積極的には何も言っておらず、むしろ消極的であるように見える。しかも、この立場は、ホメイニー師も表明していたという。これは非常に微妙な問題である。モタッハリーの真意を質すことは、本人が革命成就後数ヵ月で暗殺されてしまったため、もはや不可能である。ただ、この立場は、イラン近・現代史上、宗教学者が伝統的に保ってきたものと同一軌道上にある。すなわち、宗教学者は、イスラームの伝統的価値に基づいて共同体が運営される際に、シャリーア（イスラーム法）からの逸脱を監視する役割、責任を帯びており、具体的な共同体の運営は、宗教学者以外の「公正な」ムスリム支配者が行う、という姿勢である。しかし、「おわりに」で触れるように、七九年一二月の憲法は、この立場とは異なり、法学者の絶対的代理統治権の立場が承認されることになる。

とまれ、少なくとも六〇年代のモタッハリーにとっての争点は、監督者、監視者としての機能を、宗教学者たちの多くは事実上果たしえないほど堕落していた状況にあるとして、彼らの倫理的水準の低さを批判し、倫理水準の向上を訴えているところにある。少なくとも筆者の見る限り、モタッハリーのイスラーム指導者論において宗教学者の役割が枢要な部分を占めるのは明らかである。ただし、彼の論点は宗教学者の政治能力や具体的政治の運営戦略ではない。そうではなく、信者の信仰生活の指南役としての「模範の源泉（マルジャイ・タクリード）」として、イマームの「お隠れ」の時代に果たすべき彼らの任務、とりわけ倫理的高邁さである。宗教学者が「模倣の源泉」として信者たちから進んで指導を仰がれることは、イスラーム的民主主義の要なのである。以下では、彼の指導者論の核心的部分である指導者としての宗教学者の倫理の問題に触れてみたい。

6 宗教学者の倫理

「大きなお隠れ（九四一年から続く一二代目イマームの完全なお隠れ状態）」の期間中、宗教学者なかんずく法学者がイマームの代理としてシーア派共同体で何らかの役割を果たすことについては、ほぼ異論がない。現実的にそうならざるをえないし、理論的にも一九世紀半ば頃にほぼ決着がついていたと言える。問題は程度の問題である。既述の通り、一九七九年前後まで、一二イマーム派シーア主義の共同体では、宗教学者が積極的に「政治家」として国政を担当するという発想自体が希薄で、世俗的支配者の「圧政（不正）」を監視し、是正する役割が想定されていたように思う。ただし、このように述べることは、法学者が直接国政を担うことの可能性を否定するものではない。もともと、理論そのものの解釈と歴史の現実を考慮した場合、その可能性を内包していたし、事実一九七九年以降のイランでは、そのようになった。この問題の是非を問うことは本書の目的ではないので暫く置くとして、本節では、「お隠れ」時代のシーア派共同体で重要な役割を果たす任務を帯びた宗教学者（ウラマー）の資質について述べたい。実は、モタッハリーは思想家として、また教育者として自立した一九五〇年代以降、死の直前に至るまでこの問題の解決に腐心していた。これが共同体の存亡に関わる指導者、教育者の問題であることを考慮した場合、けだし当然のことであった。

一九七八年、革命成就の一年前にモタッハリーはホメイニーに一通の手紙を送っている。その中で、イラン国内の状況について懸念される四つの事柄について報告している。彼が憂慮したのは、第5章で詳述したマルクス主義者を中心とする唯物主義者、無神論者の跋扈とその危険性と共に、宗教学者の現状に関するもので、雑多の勢力がこのグループの影響力を削ぐ動きをしていることを指摘している。さらに、続けて同書簡の中で、モタッハリーは「私自身宗教学者の批判者でございましたし、今もそうでございますが、その（宗教学者層の）特権を認め、それを擁護することの必要性と同時にその改革を信じるものでございます」と述べて、自らの宗教学者としての位置づけと共に、その改革という課題を表明している。では、具体的に指導者としての宗教学者の資質とは何か、また現実に彼らが指導者としての機能を果たすことを阻む要因とはどのようなものだろうか。

第2章（49ページ）において引用したように、宗教学者は一般の信者と誘惑の種類そのものが異なるということであった。地位や信者の注目、名声、公的資金を乱用するなど、社会の指導的位置にある宗教学者であればこそ必然的に伴う多種多様な誘惑が彼らを取り囲んでいる。結局、それは宗教学者と一般信者の人間関係、さらに宗教学者の資質の問題に収斂する。この問題を扱った論考が「宗教階層の組織化における基本的問題」である。この論考では、ウラマーの経済基盤に焦点を当てながら、彼らの倫理の問題を検討している。

問題の発端は、時代の変遷によるイスラーム学の内容ならびに宗教学者そのものの変質である。すなわち、過去においてイスラーム学は注釈学、歴史、伝承学、法学、法源学理論、哲学、神学、文学、医学そして数学に至るまで総合的であったのが、最近は限定的（専門化）になってきていること、さらに仕事もせずに雑草のような役に立たない人々が宗教学者の聖なる領域に蔓延ることになったことの二点を挙げている。そしてこれらの問題の背後にある根本的な原因を、宗教学者の組織が十分に整備されていないことに求めている。特にこの論考では、財政基盤が不十分であることの重要性を指摘している。この点について、モタッハリーは、「……組織と社会システムの影響と重要性は、指導者の影響力と重要性以上であって、第一に真正な組織について考えねばならず、第二段階として真正な指導者について考えねばならぬ、ということです」と述べている。

この主張は、前節で述べたモタッハリーの所見と重点の置き方において一見齟齬を生じている様に思われるが、おそらくここで彼の言いたいのは、差し迫った問題として、何らかの経済的基盤の整備がなされないと、一二イマーム派シーア主義のイデオロギーを支える任務を帯びている宗教学者の自立した立場の確立は覚束ない、という点であろう。

モタッハリーの説明によれば、（一九六〇年代において）スンナ派では、たとえば同派の最高学府エジプトのアズハル学院を例にとれば、（一）独立した資金を持たないことと、（二）学院の長が国家によって任命されている点で、イランのシーア派と大いに異なっている。それぞれに長所と短所があるが、イスラーム的民主主義に関連して特に重要な点は、宗教学者および人々（信者）との関係である。彼によれば、スンナ派では、反たばこ利権闘争やそれ以後の運動のような反政府運動がウラマー主導で起こることは考えられないが、その一方でエジプトでは、生活の糧を直接信者に依存していないので、必然的に大衆（信者）に対して自由な見解を表明できる条件が整っている、という。

これに対して、シーア派の宗教学者が新しい時代に即応した改革を断行しようとするときに最大の障害となるのが、一般信者との癒着である。「……われわれ聖職者の共同体を麻痺させ、立てなくさせている災害は、大衆禍であります」と、モタッハリーは言う。

さて、すでに一二イマーム派シーア主義の指導者論を霊的指導者イマームから始め、イマーム不在中、信者共同体の実質的指導者たらざるをえない立場にある宗教学者（特に法学者）の役割に至るまで説明した。重要な問題なので、ここでもう一度確認しておく。つまり、指導者は、同時に指導される一般信者の抱える問題と必然的に関わりを持つ。少なくとも一二イマーム派シーア主義においては、指導者としてのイマームという絶対的権威に関する限り、その選定において一般信者が介入する余地はない。ただ、最後のイマームが「お隠れ」になった後、現在に至るまでの約一一〇〇年間については、宗教学者の指導者としての役割を認めざるをえない。特に、一九七九年の革命以後は現実にそのような状況が生じたのである。では、彼らはどの程度までこの任務を引き受けることができるのか、という難解な問題であった。

先ほどのモタッハリーの議論に話を戻そう。彼によると、「大衆禍」は洪水、地震の被害や蛇やサソリの害よりも大きく、この害が生じる最大の原因は、財政システムの不備にあるという。つまり、一般大衆（信者）は過去や伝統的習慣に固執して、真理と偽りを区別しないため、すべて新しいものを「刷新」とか「欲望」などと呼んで拒否する。その結果、富の公正な分配、社会正義、普通教育、国民の統治権のような問題を表立って扱えなくなる。「ああ、この大衆禍は、手と足を縛る。それがなければ、イスラームはすべての時代に確実に新しい事を明らかにしたことでしょう！」と、モタッハリーは慨嘆している。

ここでモタッハリーは、シーア派世界で認定された最後の単一のマルジャイ・タクリード（模倣の源泉）であったボルージェルディー師がコムの学院で述べた話として、次の言葉を引用している。「……私（ボルージェルディー）は、一般の人々のマルジャイ・タクリード（模倣の源泉）であったとき、このように考えていました。つまり、私が考え、そして人々が行う。すなわち、私が法令を出すことは、すべての人がこれを行う、と。しかし、いくつかの法令については、（大衆の意思に反する場合）事態がこの通りに行かぬことがわかりました」。さらに、モタッハリーはコムの学院の再興者ハーエリー師が学僧たちに外国語といくつかの初歩的な科学を教えようとしたときに、一般の信者たちが反対を唱えた事例を挙げている。

結局、モタッハリーによれば、このような問題が生じる根本的な理由は、宗教学者が信者に対して五分の一税（ホムス、特に「イマームの取り分」と言われる資金）の支払いを通じて、経済的に直接的に依存しているためである、という。この関係があるために、宗教学者の間では真理の探究や新しい制度の導入などを考える前に、信者の歓心を買うことに勢力が注がれる。その結果、あらゆる腐敗と堕落が生まれることになった、というのである。

この悪弊を除去するためには、各宗教学者が自身の勤労によって生活することでも、エジプトの聖職者のように政府に従属することでもない。モタッハリーは財政の組織化こそが解決策であると主張する。具体的には、

……改革の方途は、一人の聖職者も直接人々の手から日々の糧を得ないやり方で、聖職者の中心地に共同の出納部と帳簿、会計、貸借対照表を作成することによって、財務組織を設置すること以外に方法はありません。各人はそれぞれの働きに応じて、マルジャイ・タクリード（模倣の源泉）とコムの宗教学院の第一等の権威の下にある会計部から自分の生活の糧を得るのです。

もしこのようになれば、人々（信者たち）は自らの信念と信仰に応じて、自らの資金から支払うよ

うになります。やがて、大衆の支配は止み、聖職者の首は大衆の掌握から解放されるのです。すべてそれらの弊害は、聖職者が直接人々から日々の糧を得ていることから生じています。したがって、すべての者は個人的に資金提供者との関係を保持し、彼の関心を引こうとするのです。

すべてのマルジャイ・タクリード（模倣の源泉）は、その職が「イマームの取り分」と結びついていて、コムの宗教学院の学僧たちに（奨学金などの形で―筆者）与えるのですから、個人的な信頼を得て、この財源を確保しなければなりません。現状では、都会の聖職者たちは聖職を生業として、モスクを仕事場に定めるほかありません。この状況が改革されれば、誰も信者と直接の関係を持たないでしょう。マルジャイ・タクリード（模倣の源泉）は自由となり、モスクは小店舗のイメージから離れて、モスクが苦情訴えの場である現状もなくなるでしょう。

こうして経済的に自立することができれば、宗教学者たちは「大衆禍」の制約から自由になり、共同体における真の指導者としての役割を果たせる、というのである。この条件が満たされて初めて、宗教学者の健全な指導者たりうる環境が整うことになる。

以上の議論が重大な意味を持つのは、自立した健全な宗教学者が輩出すれば、一般信者は自らの判断で「模倣の源泉（マルジャイ・タクリード）」を「選び」、自らの意志でホムス（五分の一税）を支払うことになる点である。この議論の背景には、西洋の民主主義とは異なった意味で、一般大衆（信者）に対する警戒感または不信感がある。と同時にその主張の重点は、あくまで宗教学者が保つべき高い倫理性の問題である。すなわち、イマーム不在の信者共同体において、「イマームの代理」として真に共同体が必要とする事柄の決定、判断を行う者は、私利私欲によって動かされてはならず、信者の模範たらねばならないのである。このような人物と信者の人格的な結びつきが大切であると主張するのである。モタッハリーは生涯、宗教学者の高い倫理性というテーマを追求していた、と言っても過言ではない。

7 イスラーム的民主主義

以上の議論から分かることは、モタッハリーの考えるイスラーム的民主主義は、基本的に人々（信者）たちが自らの意思を表明して問題に対応する点で、通常の民主主義と同じである。一般に西洋の民主主義は、国民各自が選挙での投票行為を通じて自らの代表を決定する形をとる。これが基本である。この点で、とにもかくにも七九年の革命後においてもその手続きは踏まれている。一九七九年三月三〇～三一日の国民投票により（クルド、トルコメン地域を除く）、九八・二パーセントの支持を得て、イスラーム共和体制が承認された。前節で述べたように、モタッハリーは、イスラーム的民主主義を一二イマーム派シーア主義の伝統である「模倣の源泉（マルジャイ・タクリード）」の制度と密接に結びつけて考えているようである。つまり、各信者は自らの意志で必ず一人の「模倣の源泉（マルジャイ・タクリード）」を「選ば」なくてはならないので、このときすでに「民意」が反映されていることになる。イマームの解説で明らかにしたように、イマームの職務の中で最も重要なものは預言者の言葉（啓示の奥義）の解説であり、イマーム「不在」中は、イマームの言葉の解説機能はイスラームの教えに最も通暁した宗教学者（特に法学者）の専有事項である。実はこの役割の承認は、実際上の要請に基づく苦肉の策である。なぜなら、学識はあっても通常の人間に過ぎない法学者に、イマームのような無謬性を求めることは絶対にできないからである。すでに述べた理由で、イマームが無謬であるならば、彼らの言葉（具体的には四つのイマームの伝承集）は無謬である。この前提に立ち、宗教学者たちは誠心誠意イマームの言葉（伝承）を精確に解釈し解説することを自らの任務とする。そして、その解釈に基づいて、政治、社会、経済など、信者共同体の現実の問題に携わる人々を監督し、助言を与えることになる。

少なくとも革命直前、直後までのモタッハリーの立場は、法学者が直接政治、社会、経済の問題に携わる人々を監督する機能までを任務の限界と考えていたようである。この法学者の監督機能が効力を発揮するためには、一般の信者との癒着などの弊害を取り除くことが必要不可欠であるため、上記のような経済的自立とそれに伴う判断の自由の重要性が議論されたのである。

本章の冒頭でモッラー・ナーセロッディーンの話を紹介したが、この話の意味は深長である。モタッハリーがこの話を西洋民主主義の批判に用いたのは明らかであるとしても、それではイスラーム的民主主義はどの点で異なるのか、という疑問に対する答えは依然として残されたままである。これに関して、これまで述べてきたことから、大体次のようになる。

一方で、モタッハリーは、一般信者の意思は宗教学者の正常な法的判断を阻害するものとして消極的な評価を与えている。不信感と言ってもよい。これは裏を返せば、宗教学者の特異な地位、立場の確認である。モタッハリーの場合は、穏健で限定的であったとはいえ、イスラーム共同体において宗教学者の法的判断が不可欠であるとされるのであれば、そして、宗教学者と一般の信者の関係が一方の特権によって支えられるのであれば、これは通常の民主主義とは言えなくなる。他方、一般の人々が日常生活の指針を仰ぐ自らの「模倣の源泉（マルジャイ・タクリード）」を「選択」ないし「承認」することを前提としている。この点では、確かに西洋式の民主主義より「直接的」である。なぜなら、通常、西洋の民主主義で大多数の人々が政治に参加し、これに関わるのは、選挙で代表を選ぶときだけである。もちろん、自分が投票した候補者が当選する保証はどこにもない。ただし、モタッハリーの提案は、倫理的に高邁で「完全なる人間」的な賢者による一種の寡頭支配（監督）の主張である印象がある。すでに繰り返し述べたように、彼によれば、宗教学者と信者のこの正常な関係によって、基本的な問題は解決できる、という。彼はイスラーム的民主主義の問題について、ホメイニーの考えに基づくとしながら、次のように説明している。

まず、革命の結果誕生した新しい国家を「イスラーム共和国」と称して「イスラーム民主共和国」と呼ばないのは、その必要がないからだ、という。すなわち、イスラームには自由も個人の権利などもすでに内包されているから、同義反復になる、というのである。しかし、西洋の哲学で認められている意味での自由は、イスラームで理解されているものと大きな違いがある。

自由や権利に関しては多様な解釈があって、西洋では自由の根源は人間の欲望であると見なされている。何者も個人の自由を抑圧してはならない。しかし、モタッハリーによれば、このような西洋式民主主義は、事実上解き放たれた獣のようである。人間は動物であると共に理性を持つ動物であり、人間独自の進歩的、高貴な一連の能力を持っている。たとえば、真理を探究したり、倫理的な高貴さ、美しいものを求めるなどの欲求である。人間は二つの柱（軸）、つまり、理性と魂、あるいは生命と肉体を以て創造されている。

先に述べた意味での人間の欲望を自由と民主主義の根源であると仮定すれば、現在西洋の国々で行われている法律の基盤、すなわち投票などによる多数決の原則が採用されることになるだろう。その結果、たとえば同性愛すらこの原則に従って容認される。西洋人には知的進化に至る「まっすぐな（正しい）道」がないので、人間は欲望の赴くままにゆくのがよいと信じているのだ。これこそ、驟馬に乗ったモッラー・ナーセロッディーンの状況である、というのである。

では、イスラーム的民主主義とは何か。モタッハリーは、イスラーム的民主主義では、人間の自由に基礎を置くが、欲望の自由はない、という。ただし、イスラームは禁欲的な宗教ではなく、欲望を抑制し、これに打ち勝つ宗教である。イスラームは動物性を封じ込め、人間性を解放することによって、真の自由を人間に与える、というのである。これは前章の「自己を知ること」の主張に通じる。このようにして、理想を体現した宗教学者の指導力が要請されることになる。

さらに、ホメイニー師が国名から「民主」という言葉を省略したのは、盲目的に西洋を模倣することを拒否したためでもある。すなわち、イラン人はすでに自由の宝（すなわちイスラーム）を自らの文化の中に保持しているのであるから、もはや他に求める必要はない、とモタッハリーは説明するのである。

一見して理想主義的な主張であることが分かる。しかし、このような考えが生まれてきた歴史的な状況を考慮に入れなくてはならない。西洋諸国、特にアメリカの「帝国主義」的支配の下に辛酸をなめてきた具体的な歴史的経験、加えて過度の物質主義、力の支配は伝統的イラン社会の伝統、価値体系との耐えがたい矛盾的状況を生み出していたのである。

モタッハリーの提示するイスラーム的民主主義は、一二イマーム派シーア主義の伝統と現実の歴史の中から生まれたものである。イランと西洋の「帝国主義」勢力の間には、明瞭な矛盾対立があった。この矛盾的状況が哲学的に提示されたことの持つ意味は、現在のわれわれにとって極めて深長であると思うのである。

おわりに

一九七九年のイラン・イスラーム革命の解説を、本書ではこの革命に深く関与した一人の人物の思想を中心に据えて行った。このような方法が正しいのか、異論はあるだろう。特定の当事者の内面に焦点を当てる試みである。この手法を正当化する有力な根拠として、彼の著作が究めて広範囲に流布し、多様な人々に読まれていた事実がある。一時期、一世を風靡していたと言ってもよいだろう。また、革命の具体的な経緯については、詳細な研究が幾冊も出版されている状況の中で、革命の経緯ではなく、その意味あるいは、精神を別の視点から考察したかったのである。

が、本書で行ってきた解説とは対照的に、つまりモタッハリーのような理性的、合理的立場とは対照的に、イスラームといえば、テロリズム、過激派、などマイナスのイメージが強い。圧倒的に強い。まるでイスラーム教徒は通常の人間ではないかのようである。異なる宗教の人々に対して容赦なく聖戦（ジハード）を仕掛け、平気で異教徒を殺害する狂人のように思う人すらいる。いまだに「右手にコーラン、左手に剣」のイメージである。たとえば、イスラームの基礎知識を提供する授業の初日、異口同音に「イスラームって怖い感じですよね」「何をするか分からないって感じ」と学生諸君からご挨拶されるのが、いわば年中行事となっている。筆者にイスラームを弁護する義務などさらさらない。また、弁護などしたくもない。ただ、誤解は誤解である。結局、数百人の学生諸君の前で、「弁護」めいたことから始めることになる。この責任の一端は、マスコミとイスラーム研究者の怠慢にあるのかも知れない。

とまれ、革命が成就してから、法学者が現実に政権を担当することになった。これに従って、新たに憲法が制定された。「法学者による代理統治（ヴェラーヤテ・ファキーフ）」の問題は新しい展開を見せる。「お隠れ」のイマームが不在中に法学者がシーア派共同体で何らかの役割を果たすことについては、ほぼ異論はない。問題はその程度である。さらに、この役割はすでに神や預言者の言葉によって「あらかじめ定められていた」のか、それとも「人々に選出される」のか、学者の間で激しい議論が行われた。結局、一九七九年一二月三〜四日に国民投票によって承認された共和国憲法によれば、前者の立場、すなわち、法学者の代理統治は、人々の決定によることなく神と預言者によってあらかじめ定められた制度であることが承認された。もちろん、国会議員は国民の投票によって選出されるが、新しい憲法において近・現代世界史上希有のイスラームの宗教学者、特に法学者による（イマームの）代理統治体制が打ち立てられたのである。

すでに問題点として指摘したように、この体制は通常の意味での民主体制ではない。あまりにも多くの国政の分野で、あまりにも強力な法学者の権限が認められているからである。

この憲法によれば、

①新しい国家はイスラーム的であり、
②この国家の任務ならびに目的はイスラームの性格に合致した形で定義される、
③立法は、イスラーム法（シャリーア）に合致していること、
④指導者の地位はイスラームの法学者によって充当される、
⑤個人や民族、エスニック集団の民主的権利はイスラーム的に定められた制限に服する。

などの特徴があるとされる。

特に④について言えば、政府の統治システムの原則は法学者による解釈に基づき（第二条）、「隠れ」イマームの不在中は、必要な資格を有し、かつ法学者評議会のメンバーである法学者は、イスラーム共和国で統治し、指導権を行使する権限を持つ（第五条）、さらに具体的な法学者の権限が規定されているが、それらは通常の監督機能をはるかに凌駕した権限であると見なされている（第五七、一一〇条など）。

もちろん、人々の「民主的」権利は保証されるが、⑤のようにさまざまな形で制限される。しかし、そうではあっても、元来この革命自体はさまざまな人々の参加により実現したのであり、したがって彼らの求め、そして承認した体制である点が強調される。この点はモタッハリーも述べていた通りである。

法学者が過度に権力を掌握し行使することについては、宗教界の内外からも批判があった。興味深い点は、内部からの批判はともかく、外部からの批判についても、イスラームそのものの否定を訴える有力な議論が少ない点である。

いずれにせよ、共和国憲法の定める内容は、本文の中で解説したことから分かるように、いくつもの点で、モタッハリーの見解と共通する一方で、少なくとも現存するモタッハリーの著述の内容と必ずしも合致しない面がある。つまり、彼は憲法が定めるほど大きな宗教学者の権限を想定していなかったように見える。もちろん、もし彼が暗殺されることなく、その後も生きていたとすれば、革命後の展開によって立場を変えたかも知れない。この点は否定できない。ただし、歴史記述においては常にそうであるように、「もし」は禁じ手である。同時に、法学者による代理統治はある意味で、革命に参加したさまざまな利害の対立するグループの妥協、権謀術数の産物であったと考えることのできる一面がある。すなわち、あるグループの人々は、このような制度が存続するのは、せいぜいホメイニー師の存命中だけであると高を括っていた。彼のカリスマ性は何人にも挑戦できなかったからである。議論が活発に闘わせられていた初期の段階から、この制度が内にはらむ最大の問題である、法学者による「独裁支配」に対する懸念と「時代錯誤的」な要素に対しては、さまざまな人々が指摘し、批判を行っていたのである。他方、法学者の役割をこれまで以上に強化することを意図するグループもあった。結局、この立場が優位に立ったのである。

この革命は民主主義の意味を問い質す良い機会である。つまり、現行の民主主義（デモクラシー）はどのように生まれたのか考えてみると、まず一七〜一八世紀のヨーロッパの特殊性を考えねばならない。新しい技術の開発によって生産性が向上する中で、新しい産業の担い手である新興産業資本家（ブルジョアジー）が王侯貴族の特権に対して自らの権利、（機会の）平等、私的所有権などを主張した。もともとこのような主張ができた人々は少数派であった。この流れは資本主義の発展とそれに伴う市民社会の発達が大前提となっているのであって、各人の自由平等は権利要求の代償として義務を必然的に伴う一方、他人の権利を侵害しない限りにおいていかなる行動の自由も拘束されないとする。典型的にはアメリカ、ヴァージニア「権利の章典」や「独立宣言」、さらにフランスの「人権宣言」などの文書で明らかにされている考えである。また逆に言えばこのような条件の整っていない社会では、民主主義の制度がそのまま機能することは期待できず、どの程度効果が発揮されるのか判明しない。ヨーロッパ式の民主主義が普遍的に妥当することを証明する根拠はどこにもないのである。他方、現在、先進産業国を中心に、至る所で資本主義（モタッハリー流に言えば唯物主義）の欠陥が露呈している。資本主義の前提条件としての「民主主義」の機能を資本主義内部からも懐疑的に眺める立場が多く見られるようになった。特に一般の人々のこの制度への参加は、選挙の機会だけである点、さらに選出される側が投票者におもねる弊害がある、と言われる。さらに、格差を必然的に生み出す競争原理が容認される。いやむしろ推奨される。結局、力のある少数の者のみが「最大幸福」を得ることになる。逆に、力のない者は没落するしか道はない。この矛盾的状況を打開するためには、資本主義社会における民主主義そのものの改革、見直しが必須となろう。と、同時に、新たな角度から問題を検討することが要請される。そこで、イスラームからの返答がその検討の機会を与えてくれる。

第3章では、人間の社会には差別ではなく相違が見られることを学んだ。すべての人間が算術的に、自動的に平等なのではなく、男女、老若、美醜、大小、長短などの差違があり、まずこの事実を認めることである。そして、それらが互いを補い合って存在するのが神の秩序である点を知ることである。この秩序ある状態、真理の状態からの逸脱をもたらす重大な要因として、人間の物質に対する欲望があった。これによって、神と人間の適正な関係のバランスが失われる。神を忘却するというのである。もちろん物質に対する関心、欲望がまったく不要だと主張されたのではなかった。それどころか、イスラームでは物質的側面は自明の事実として承認されている。ただその欲望が過度に達したとき、問題が生じると考える。現在の先進資本主義の国々、特にアメリカや日本がまさにそれであって、この体制を極度に発展させた要因が西洋式「民主主義」である。そこには独自の唯物的（無神論的）思考法が生まれたのである（第4章、第5章）。その結果が現実の矛盾的状況である。

その一方で、モタッハリーによれば、そこでは本能のままに活動する「大衆」が主役の社会が生み出された。本書でも見たように、イスラーム（特にシーア派）の学者の側にも「大衆」に対する不信感がある。また、この弊害に対する警戒感もあった。他方、西洋的民主主義では、選挙に当選するために限りなく「大衆」の意向を汲み取ることに専心する結果、現在多くの弊害が顕在化していると言われる。大衆迎合主義（ポピュリズム）である。ただ、現行の民主主義に代わるだけのより良い制度が「今のところ」見あたらないので、とりあえず踏襲している面があるという。イスラームの学者の対応は、これとはかなり異なっているようである。

この不都合な状況を打開する方法として、特にシーア派では、適正な（公正な）指導者が必要であると考える。民主主義では、一般の人々の投票によって代表（指導者）を決める。イスラームでも同様に人々が決める。しかし、モタッハリーが提案しているのは、ヨーロッパ式の選挙による代表選出方法ではない。候補者の資格は無条件ではなく、人々と人格的に結びついた賢者であって、社会を指導する能力を持つことが要求される。いわば、特権的エリートによる寡頭支配である。イスラーム、特にシーア派では、宗教学者（ウラマー）、特に法学者がこの役割に当たる。そこでは、各信者が、生活上の事柄に関する法的判断を仰ぐ「模範の源泉（マルジャイ・タクリード）」と呼ばれる法学者を自らの意思で「選ぶ」ことを前提としている。しかも、彼の提案が興味深いのは、問題の解決を外面的な制度の改革にのみに求めるのではなく、それ以上に指導者たる人々の人格的、倫理的高邁さ、そしてこの資質を築き上げる方途として内面（魂）の浄化に重点を置く点である。倫理、哲学の問題として捉えられているのである（この点は、第6章、第7章で明らかにした）。

その思想は多くの点で理想主義的であり、実現性がどこまで期待できるのか不明瞭である。しかしながら、現在アメリカ、日本をはじめとする先進資本主義諸国、さらに世界中で「民主主義国家」と言われる国々の抱える深刻な問題、特に指導者の腐敗、堕落の状況を見るとき、モタッハリーの提案はイランという空間やイスラームという特殊な宗教を越える普遍的な問題を提起しているように思う。

一九七九年の革命は、このことを考える絶好の事例を与えてくれる。物質対精神、前者の生み出した力の優位、そしてその結果生まれたさまざまな矛盾的状況について考える機会である。繰り返すが、指導者の倫理的高邁さにのみ期待するのはあまりにも理想主義的で、現実的ではない。その一方で、民主主義が掲げてきた理想がその理想通りに実現したことは未だかつてなかったことも事実である。むしろ、一握りの「力」ある者たちの自由、「機会」の平等であったと言って良い。少なくともそのように働いてきた面がある。ヨーロッパ近代は、その開始から同様の状況にあったのではなかろうか。人間の営みに完璧などない。富、名誉、地位などに対するあらゆる欲望は人間の活動を闊達にするインセンティヴを提供する一方で、人間としての精神的生命を奪う力でもある。人間が何らかの超越的な力、神であれ、自然、梵、宇宙的生命であれ、その前に己の無力を徹底的に自覚するとき、そこに解決の道があるのかも知れない。これは人間のレベルで言えば、「万事が万事、ほどほど」であることを知ることである。すなわち、中庸（アドル）である。モタッハリーの主張の核心はここにあったように思う。

ところで、モタッハリーの思想も含めて、革命後のイランにおいて、信者共同体の指導者としての宗教学者の役割、さらに彼らの代理統治はどのように受留められているのだろうか。最後に、筆者の限られた体験から、この点に関するいくつかの具体的な事例を紹介しよう。

革命後何回もイランを訪れたが、他の多くの国同様、生活に密着したいくつもの問題が表面化している。特に、有名な大都市の交通渋滞、大気汚染、インフレなどである。三車線の道路が、無法な割り込みのために四車線以上になることは日常茶飯事である。ある会議を終えて、タクシーに乗ったとき、若い運転手は怪訝そうに「何でこんなぼろいタクシーに乗るんだ」と尋ねた。確かに、彼の車のフロントガラスは蜘蛛の巣状にひび割れ、ボデーはでこぼこである。そこから、四方山話となり、イランの現状の話になった。曰く、「宗教学者は本当に立派なことを言うけれど、なかなか実現しない。たとえば、ほれ、前を走っている立派な車、あんなもの俺は眺めてるだけの高嶺の花さ」。

また、友人の細君は、宗教学者嫌いである。アラビア語の教師をしている。ただ、よく言っていたのは、モタッハリーは別格で、彼の考えは大変良い、ということだった。二〇年ほど前に彼女から『秘密の散策』というモタッハリーの著作をもらった。イランの偉大な神秘主義詩人ハーフェズの詩と思想に関する本である。余談ながら、筆者は現在ハーフェズなどの神秘主義と現代社会の関わりについて深い関心を持っている。モタッハリーはハーフェズの詩に註を付した。そして、ハーフェズの詩を分類し、甲乙を付けた。このイスラームの神智（イルファーン）の世界について学ぶことはこれからの最大の楽しみである。

もう一人紹介しよう。ある知り合いの若者の父親である。テヘラン南部の庶民の居住区域に住んでいるいわゆる亭主関白の頑固な人物である。彼にとって、生活の中心がイスラームの信仰であって、それはまったく揺るぎがないように感じた。毎日の礼拝のみならず、コーランやイマームの伝承の勉強は真剣そのものである。何回かお目にかかって、その度にイスラームの「講義」を受けたが、毎度自分の無知を知らされ、恥ずかしい思いをした。

「はじめに」で述べたように、政治や経済、社会の現状について判断を下すことは筆者の任務ではない。というより、それはできない相談である。ただ、今のイランの現状を見るとき、一つだけ言えることは、どこにも理想的な政治や社会はないし、それを実現しようとする人間も完全ではない、よしんば実現されたとしても、そのときもはやそれは理想ではなくなる、ということである。われわれは常に何らかの理想を考案し、それに向かって邁進するだけである。イスラーム教徒には、またイラン人には彼ら独自の理想があるということだと思う。この意味で、モタッハリーの思想も理想の一つであるということである。

本書がイスラームに関する誤解を解くのにどれだけ役立つのか、まったく不明である。その解説は、シーア派、しかもイランのシーア派、さらにイラン人の一思想家、モタッハリーという特定の人物を介して行われている点で、問題はある。もちろん、総花的でない解説という利点もある。少なくとも、これまでほとんど一般書レベルで解説がなされることのなかったイスラームの一面が、やや深く、踏み込んだ形で明らかにされたと受け止められるのであれば、筆者の目的は十分に果たされたことになる。

本書は、前著『シーア派イスラーム——神話と歴史』の続編的意味を持っている。この本の内容は、前著の内容をふまえると一層理解しやすいと思う。本書の準備に当たっては、哲学の用語などで不明の点を見ていただいた畏友国方栄二氏のお世話になった。イランに行ったとき、いつもモタッハリー関係の資料を気前よくくださるサドラー出版社の方々、特にジャヴァードさんとコルディーさんにも感謝申したい。さらに、大阪大学、大谷大学、関西大学の講義室で話を聞いてくれた学生諸君、JTBカルチャーサロン（現朝日JTB・交流文化塾）の聴講生の方々にもお礼を言いたい。

各章の初出一覧

本書の各章は第1章以外これまでに公にした論考に基づいている。ほとんどの章は、発表した論考よりかなり短くした。一般の読者にとっては煩瑣で不必要な情報が多く含まれているからである。それぞれの章のテーマに関して基本的な考え方は、その後もほとんど変わっていないが、筆者のその後の調査で理解の誤り、または不十分な点が明らかになった箇所を修正、あるいは新たな情報を付加した。この点をふまえた上で、参考資料などに関心のある読者のために、以下に初出文献を示す。

第2章　「モルタザー・モタッハリーの生涯」、『大阪外国語大学論集』、第33号、2005.

第3章　「神の公正（'adl-e elahi）の現代史的意義—M．モタッハリー（1919–79）の神義論—」、『大阪外国語大学論集』、第23号、2000.

第4章　「モルタザー・モタッハリーの近代西洋唯物主義（無神論）批判」—バートランド・ラッセルを中心に—」、『EX ORIENTE』、2001.

第5章　「史的唯物論とイスラーム—M．モタッハリーのイスラーム的世界観—」、『大阪外国語大学論集』、第30号、2004.

第6章　「イスラームにおける「自己を知ること（ma'rifat an-nafs）」—M．モタッハリーの完全な人間（ensan-e kamel）論―」、『一神教学際研究4』同志社大学一神教学際研究センター、2008.

第7章
「12イマーム派シーア主義における指導者論―モルタザー・モタッハリーによるイマーム論と宗教学者（ウラマー）」、『一神教学際研究2』、同志社大学一神教学際研究センター、2006.

索　引

［あ行］
悪　69–76
アシュアリー派神学　63
アズハル学院　199
アタバート　31
アブラハミヤーン　120
アブラハム　108
アリー・シャリアティー　53–55, 139
アルサンジャーニー農相　10, 11
イスラーム革命　3, 15, 86, 191　→イラン・イスラーム革命
『イスラーム革命』　19
イスラーム経済　123
イスラーム的世界観　133, 138, 142
イスラーム的民主主義　177, 179, 196, 203, 205, 207
イスラーム法（シャリーア）　11, 29, 188, 195, 211
イブン・アラビー（1165〜1240）　41
イブン・シーナー（980〜1037）　43, 101
イマーム　188–191, 195, 199, 210
イマーム・アリー・b・アビー・ターレブ（初代イマーム）　74, 156, 158, 159, 164–166, 170, 171, 182, 185–187, 190
イマーム・アリー・レザー　17, 29
イマーム・ジャファル・サーデク　49
イマーム・ホセイン　13, 23, 28
イラン・イスラーム革命　iv, 146, 177, 209
イルファーン（神智、グノーシス）　37, 40, 77, 152, 217
因果論（因果の法則）　88–89, 91–94, 97–100
ウィラーヤ（真正な権威）　187
ウィリアム・ジェームズ（W. James, 1842〜1910）　160
ウマイヤ朝　74
エディングトン（Sir Arthur Stanley Eddington, 1882〜1944）　92
エンゲルス（F. Engels,1820〜95）　135, 137, 141
オマル・ハイヤーム（1040〜1123）　80

［か行］
カージャール王朝（1785〜1925）　31
カーター　16
ガディール・フンム事件　186
神の公正　61, 71, 81, 114
神の唯一性（タウヒード）　62, 70, 166
カリフ・ウスマーン　165
カルバラーの殉教事件　13
完全なる人間　145, 149, 154, 156, 157, 164, 165, 169
共同体の福利（マスラハ）　65
キリスト教　105, 151
クリフォード（W. K. Clifford, 1845〜79）　109
権利の章典　213
高級宗教学者（モジュタヘド）　30, 33, 50, 187
公正（正義、アドル）　62–65, 71, 75, 83, 127, 156, 174
五分の一税（ホムス）　201, 202
コム　12, 20, 23, 27, 30–39, 44, 45, 51, 54, 59, 200, 201

［さ行］
サカラインの伝承　189
サーデク・ヘダーヤト（1903〜51）

75
サファヴィー朝（1501〜1722）　132
サルトル（J. P. Sartre, 1905〜80）　163
死　79, 81
史的唯物論　113, 121, 122, 133, 135–137, 142
ジハード　143, 152, 185, 209
シャリーア（イスラーム法）　195
シャリアティー　53
自由　72
宗教的寄進材（ワクフ）　11
一二イマーム派シーア主義　43, 146, 183, 188, 196, 198
シーラーズィー師（ハージ・ミールザー・アリー）　43, 44
シーラーズィー（たばこ禁止令の）　21
人権宣言　213
スペンサー（H. Spencer, 1820〜1903）　151
スンナ派　93, 182, 183, 185–188, 190, 199
世界の秩序（秩序）　74, 78
石油国有化運動　5, 118
存在の唯一性（存在一性論）　104

［た行］
第一原因　102–105, 109
ダーウィン（C. Darwin, 1809〜82）　151
タキーエ　50
タバータバーイー師（1903〜82）　33, 41–43, 54
ターレカーニー（1910〜79）　36
ツーデ党　6, 116–120, 134
デカルト（R. Descartes, 1596〜1650）　78, 150, 172
テヘラン　21–23, 27, 31, 33, 38, 41–43, 45, 48, 50, 54, 110, 218
独立宣言　213

［な行］
ナジャフ　18, 19, 23, 57
ニーチェ（F. Nietzsche, 1844〜1900）　151, 152
ノーフル・シャトー　58

［は行］
ハーエリー師（1859〜1936）　32, 34, 36, 200
白色革命（国王と人民の革命）　9, 14, 148
バーケル・モイン　45
バフティヤーリー　iii, 23
パハラヴィー王朝　iii, 28, 56, 57, 116
反たばこ利権闘争（1891〜92）　21
秘密警察（SAVAK）　14, 16, 119, 134
ヒューム（D. Hume, 1711〜76）　109
ファーテメ　30
ファーテメ廟　31, 59
ファリーマーン　27
フォルカーン　58
福利（マスラハ）　65, 67, 68, 72, 75, 123–125
不正（ゾルム）　19, 71, 127
文化的帝国主義　180
ベーコン（F. Bacon, 1561〜1626）　150, 151
法学者の代理統治（ヴェラーヤテ・ファキーフ）　179, 194, 195, 210
法学者評議会　211
ホセイニイェ・イルシャード　52–57
ホメイニー師（1902〜89）　iii–vi, 9, 12–14, 17–20, 22, 23, 25, 33, 35, 39–41, 50, 51, 53, 55, 57–59, 86, 87, 153, 171, 192, 197, 205, 207, 212
ホラーサーン　29
ボルージェルディー師（?〜1961）　33, 35, 36, 38, 43, 50, 186, 200
ホルダード月 15 日事件　13

［ま行］
マキャベリ（N. Machiavelli,

1469〜1527) 150
マシュハド 27
マジュリスィー 132
マルクス（K. Marx, 1818〜83） 136, 137, 141
マルクス主義 117, 141, 142
マルクス主義経済学 129
マルジャイ・タクリード（模倣の源泉） 35
ムアーウィヤ（ウマイヤ朝［661〜750］初代カリフ） 74
ムウタズィラ派神学 63
ムダーラバ契約 130, 131
ムハンマド 31, 143, 186, 187
ムハンマド・アブドゥー 121
ムハンマド・レザー・パハラヴィー 5
毛沢東（1893〜1976） 135
モサッデク 5, 6, 8, 9
モジャーヘディーネ・ハルク（人民聖戦団） 21, 57
モジュタヘド 33
モッラー・サドラー（1571〜1641） 41, 101
モッラー・ナーセロッディーン 177, 205, 206
モッラー・ナーセロッディーン理論 177
模倣の源泉（マルジャイ・タクリード） 35, 50, 196, 200–202, 204, 205
モルタザー・モタッハリー（1920〜79） vi, 25ff.
モンタゼリー 44

［や行］

唯物主義 56, 57, 62, 66, 80, 82, 83, 85, 88, 89, 91, 95, 110, 114, 115, 121, 140, 197, 213
『雄弁の術（ナフジュル・バラーカ）』 43

［ら行］

ラッセル（B. Russell, 1872〜1970） 87, 89, 91–100, 104–106, 108, 109, 111
ラフサンジャーニー 13
立憲革命（1905〜11） 21
リバー（不労所得） 130–132
レザー・シャー（1925〜41 在位） 4, 29, 32, 34, 110, 116–118

［アルファベット］

AIOC（アングロ・イラニアン石油会社） 5–8
CIA 8, 9, 49
NF（ナショナル・フロント） 6

イスラームの用語と主要な人物

アタバート　現イラクの南部の地域で、ナジャフ、カルバラー、サーマッラーなどシーア派の霊的指導者イマームの廟があることで知られる。伝統的にシーア派の学問の中心地として、多くの学者、学僧を引きつけてきた。

アーヤトッラー　文字通りには神の徴を意味するが、現在ではモジュタヘド（下参照）と同義で用いられる。

イジュティハード　理性と法学の原理を用いて、宗教法に関する判断に至る過程を意味する。スンナ派では10世紀に「イジュティハードの門は閉ざされた」とされるが、シーア派では、「閉ざされる」ことはなく、相対的に自由な行使が許容されたとされる。特に19世紀半ば以降。

イマーム　文字通りには前に立つ人を意味するが、12イマーム派シーア主義においては、預言者ムハンマドの後継者として認定された12人の合法的な信者共同体の指導者を意味する。又、単に信者共同体の指導者をも意味する（例、イマーム・ホメイニーと用いる場合）。シーア派の存立の最も重要な基盤である。学術選書023『シーア派イスラーム――神話と歴史』参照。

イルファーン　グノーシス、神秘的な知識を意味する。イスラームの真の賢者は神との神人合一体験を経ることによって、この知識を体得していると考えることができる。

ウラマー　文字通りには、学識のある人を意味する。これは複数形であるが、一般に一人の宗教学者を指す場合でもウラマーということが多い。イスラームではキリスト教の意味で聖職者を認めないので、宗教学者と訳されるが、多くの点で神父や牧師と似た機能を果たす。

ジハード　イスラームの領域を拡大するための戦い。又、イスラームの領域を外部からの的に抗して戦うこと。ただし、単純に領土的、教勢の拡張のための戦いと理解するのは誤りで、内なる自己との戦いの意味にも用いられる。

シャリアティー（**'Ali Shari'ati**） 1933年、イラン東北部のホラーサーン地方の出身。父親は有名な講演者。家族はやがて同地方のシーア派聖地マシュハドに移り住む。1959年大学を優秀な成績で終え、留学資格を得る。パリで学び、宗教ならびに社会学の研究を行うが、博士号はペルシア語に関する論文であった。帰国後、出身地域で教師をしていたが、やがてテヘランへ移住、そこで、講演者として名声を博することになった。特に、啓蒙機関ホセイニイェ・イルシャードでは、絶大な人気を誇った。1973年、同機関が閉鎖され、政府に拘束される。77年、イランを去る決意をするが、亡命先のロンドンで6月19日死亡した。暗殺説がある。

タキーヤ シーア派において信仰の危機に直面して生命に影響を及ぼす危険性のある場合など自らの信仰を偽って隠すことが許されていること。アッバース王朝（750〜1258）の支配下にシーア派信者が蒙った政治的状況に起源を持つ信者の義務の一つ。

タクリード シーア派では、自らが選んだ模範となる宗教学者（モジュタヘドの教え、指導に従うこと。シーア派では信者の義務である。

タバータバーイー（**Muhammad Hosein Tabataba'i**） 1903年、イラン北西部タブリーズの出身。初期の教育は故郷で受けた。20才頃、研鑽のためイラクのナジャフへ向かう。イスラーム法学を中心に学んだが、やがて、イスラームの伝統的哲学や神智学の分野で著しい進展を見せた。1934年にタブリーズに戻ったが、第二次世界大戦の影響で町はロシア軍に占領されたため、移住を余儀なくされた。結果、コムの町にやってきた。コーラン解釈学、哲学、神智学を教えたが、注目すべきは、共産主義、史的唯物論、に関して造詣が深くモタッハリーに強い影響を与えた。1981年没。

ハーエリー（**'Abd al-Karim ibn Muhammmad Ja'far Ha'eri Yzdi**） 1859年生まれ。若い頃イラクのシーア派の学問の中心地アタバートで研鑽した。やがて、イランのアラークの町の学院の再興のため招聘され成果を上げげた。さらに、コムの学院の再興のために招きを受け、1922年コムに定住した。多くの弟子を育成したが、ホメイニーもその一人であった。ただ、政府に対する政治姿勢は穏健であった。1937年没。

ファキーフ（法学者）　法学の専門家。シーア派ではモジュタヘドと同義に用いられる。

ホムス　文字通りには五分の一を意味する。最初は預言者に支払われた宗教税であった。シーア派の信者はイマームに対して自らの収入に応じて支払う。現在では、イマームの「代理」として各信者の信仰生活の指南役である宗教指導者の中から各信者が選んだ人物、「模倣の源泉（マルジャイ・タクリード）」に対して支払われる。その収入は、宗教学者の経済的独立を保証して、政府に依存せず独立して活動できる要因となった。

ホメイニー（Ruh'llah ibn Mustafa Musavi Khomeini）　1902年イスファハンの近郊、ホメインに生まれる。祖父がインドで交易した関係で、家族はヒンディーとも呼ばれた。1919年からハーエリー師の下で学び、師の没後教壇に立つ。専門は、神学、倫理学、哲学、イルファーン（神智学）であった。1964年政府批判によりイランを追放された。やがて、イラクのナジャフで反米、英、イスラエル、反政府の活動を展開した。その講演録は、後に79年のイスラーム革命の指導原理を盛り込む『イスラーム政府』として公刊され流布した。1989年没。

ボルージェルディー（Hosein ibn 'Ali Tabataba'i Borujerdi）　1875年生まれ。イスファハンやイラクのナジャフで学び、1910年生まれ故郷のボルージェルドに戻った。1944〜5年にコムに来たり、1947年に単一の「マルジャイ・タクリード（模倣の源泉）」といわれるシーア派最高の権威となった。特に法学の分野で令名が高かった。1962年没。

マルジャイ・タクリード　文字通りには、（信仰の）模範を仰ぐ対象を意味するが、シーア派ではその学識と見識によって、シーア派信者が宗教上の慣習と法に関して従う人物（法学者＝モジュタヘド）を意味する。シーア派では信者がマルジャイ・タクリードを選択し従うことは義務であり、重要な教義となっている。

モジュタヘド　十分な学識を得て、イジュティハードを行使できる水準に達した宗教学者のこと。高級宗教学者。

モッラー　宗教学者（ウラマー）の範疇の一つ。余り良い意味で用いられない場合が多い。

モッラー・サドラー（Muhammad ibn Ibrahim Yahya Qawami Shirazi）　1571 (2) 年にイラン南部の町シーラーズに生まれた。神智（hikmat-ilahi）の大家。1640 年バスラで没した。この人物の生涯は、三期に分けることができる。①シーラーズで初期の教育を受けた時代。②コム近郊の Kahak 村で神秘的生活に従事した時期。③再び公的生活に復帰し、シーラーズで著作、教育に専念した時代。後代、イスラーム神智学の分野で絶大な影響力を与えた。

モタッハリー略年表

(イラン暦)	(西暦)	
1298	1920	バフマン月13日　誕生
1310	(1931〜2)	マシュハドの宗教学院で勉学
1316	(1937〜8)	宗教的学問のためコムへ
1319	(1940〜41)	イマーム・ホメイニーに師事
1323	(1944〜45)	ボルージェルディーのもとで勉学
1325	(1946〜47)	ハージ・ミールザー・アリー・アーガー・シーラーズィーに会う
1329	(1950〜51)	サイイド・モハンマド・ホセイン・タバータバーイーに師事
1331	(1952〜53)	テヘランへ移住
1332	(1953〜54)	『哲学の原則、現実主義的方法』第一巻を出版
1334	(1955〜56)	エライヒヤート大学とテヘラン大学で教鞭を執る一方で、指導、講演、本の出版を通じてイスラームグループ、宗教グループとの協力関係開始
1342	(1963〜64、	ホルダード月15日）逮捕、市の暫定刑務所に留置。ホメイニー、国外へ追放
1343	(1964〜65)	イマーム・ホメイニーの命令によって「イスラーム聯盟」と協力
1346	(1967〜68)	数名の友人と共にホセイニイェ・イルシャードの設立に取りかかる
1348	(1969〜70)	パレスチナ人の救済に関する宣言により逮捕
1349	(1970〜71)	ホセイニイェ・イルシャードから退く
1349－51	(1970〜72)	ジャヴァード・モスクの活動で指導
1351	(1972〜73)	逮捕・監禁、ジャヴァード・モスク閉鎖 石油ブーム
1351－53	(1972〜75)	ジャーヴァード・モスクやアルグ・モスクで講演
1354	(1975〜76)	講演並びに説教壇に登ることを禁止される

1355	(1976〜77)	エライヒヤート大学から退く ナジャフへ旅行、イマーム・ホメイニーに会う
1356	(1977〜78)	「テヘラン戦う聖職者協会」設立 政府がホメイニーを中傷する記事を新聞に掲載 革命の機運が一気に高まる
1357	(1978〜79)	パリへ旅行、イマーム・ホメイニーによってイスラーム革命会議の責任を負うことを命じられる イマームによって独立委員会の責任を負うことを命じられる
1358	(1979、2月1日)	ホメイニー、イランへ帰還
	(2月11日)	バフティヤーリー政権崩壊、イスラーム革命成就
	(1979、5月1日)	オルディベヘシュト月11日　暗殺

イラン暦は日本の春分の日（3月21日）を正月として、12ヶ月からなる。従って、グレゴリウス暦では2年にわたることになる。

嶋本　隆光（しまもと　たかみつ）

1951 年生まれ.
大阪外国語大学ペルシア語学科卒業.
UCLA 歴史学科大学院修了.
現在，大阪大学教授
専攻はイスラーム現代思想で，イスラームのシーア派に関する日本でも有数の研究者である.

【主な著訳書】

『シーア派イスラーム　神話と歴史』(学術選書，京都大学学術出版会)
『人々のイスラーム—その学際的研究』(共著，日本放送出版協会)
『岩波講座 世界歴史 21 イスラーム世界とアフリカ』(共著，岩波書店)
『イスラームを学ぶ人のために』(共著，世界思想社)
『イスラームの商法と婚姻法』(翻訳，大阪外国語大学学術研究叢書)
『イスラームの祭り』(監訳，イスラーム文化叢書) 法政大学出版局
その他，イランのイスラームに関する論文多数.

学術選書

イスラーム革命の精神

学術選書 052

2011年4月15日　初版第1刷発行

著　　者…………嶋本 隆光
発 行 人…………檜山 爲次郎
発 行 所…………京都大学学術出版会
京都市左京区吉田近衛町 69
京都大学吉田南構内（〒606-8315）
電話（075）761-6182
FAX（075）761-6190
振替 01000-8-64677
URL http://www.kyoto-up.or.jp

印刷・製本…………㈱太洋社

装　　幀…………鷺草デザイン事務所

ISBN 978-4-87698-852-5

定価はカバーに表示してあります
Printed in Japan

学術選書［既刊一覧］

＊サブシリーズ「心の宇宙」→心　「諸文明の起源」→諸
「宇宙と物質の神秘に迫る」→宇

001 土とは何だろうか？　久馬一剛
002 子どもの脳を育てる栄養学　中川八郎・葛西奈津子
003 前頭葉の謎を解く　船橋新太郎　心1
004 古代マヤ　石器の都市文明　青山和夫　諸11
005 コミュニティのグループ・ダイナミックス　杉万俊夫 編著　心2
006 古代アンデス　権力の考古学　関 雄二　諸12
007 見えないもので宇宙を観る　小山勝二ほか 編著　宇1
008 地域研究から自分学へ　高谷好一
009 ヴァイキング時代　角谷英則　諸9
010 GADV仮説　生命起源を問い直す　池原健二
011 ヒト 家をつくるサル　榎本知郎
012 古代エジプト　文明社会の形成　高宮いづみ　諸2
013 心理臨床学のコア　山中康裕　心3
014 古代中国　天命と青銅器　小南一郎　諸5
015 恋愛の誕生　12世紀フランス文学散歩　水野 尚
016 古代ギリシア　地中海への展開　周藤芳幸　諸7
018 紙とパルプの科学　山内龍男
019 量子の世界　川合・佐々木・前野ほか編著　宇2
020 乗っ取られた聖書　秦 剛平
021 熱帯林の恵み　渡辺弘之
022 動物たちのゆたかな心　藤田和生　心4
023 シーア派イスラーム　神話と歴史　嶋本隆光
024 旅の地中海　古典文学周航　丹下和彦
025 古代日本　国家形成の考古学　菱田哲郎　諸14
026 人間性はどこから来たか　サル学からのアプローチ　西田利貞
027 生物の多様性ってなんだろう？　生命のジグソーパズル　京都大学総合博物館　京都大学生態学研究センター 編
028 心を発見する心の発達　板倉昭二　心5
029 光と色の宇宙　福江 純
030 脳の情報表現を見る　櫻井芳雄　心6
031 アメリカ南部小説を旅する　ユードラ・ウェルティを訪ねて　中村紘一
032 究極の森林　梶原幹弘
033 大気と微粒子の話　エアロゾルと地球環境　笠原三紀夫　東野 達　監修
034 脳科学のテーブル　日本神経回路学会監修／外山敬介・甘利俊一・篠本滋 編
035 ヒトゲノムマップ　加納 圭

036 中国文明　農業と礼制の考古学　岡村秀典 諸6
037 新・動物の「食」に学ぶ　西田利貞
038 イネの歴史　佐藤洋一郎
039 新編 素粒子の世界を拓く　湯川・朝永から南部・小林・益川へ　佐藤文隆 監修
040 文化の誕生　ヒトが人になる前　杉山幸丸
041 アインシュタインの反乱と量子コンピュータ　佐藤文隆
042 災害社会　川崎一朗
043 ビザンツ　文明の継承と変容　井上浩一 諸8
044 江戸の庭園　将軍から庶民まで　飛田範夫
045 カメムシはなぜ群れる？　離合集散の生態学　藤崎憲治
046 異教徒ローマ人に語る聖書　創世記を読む　秦 剛平
047 古代朝鮮　墳墓にみる国家形成　吉井秀夫 諸13
048 王国の鉄路　タイ鉄道の歴史　柿崎一郎
049 世界単位論　高谷好一
050 書き替えられた聖書　新しいモーセ像を求めて　秦 剛平
051 オアシス農業起源論　古川久雄
052 イスラーム革命の精神　嶋本隆光